Inhalt

6 *Vorwort*

8 *Fingerfood & Canapés*

10 Leckere Canapés & Croûtons
12 Bunte Obstplatte
14 Extra: Drinks & Cocktails
16 Sandwiches & Co.
20 Herzhaftes Gebäck

24 *Fleisch, Fisch & Terrinen*

26 Große Braten
28 Bunte Platten
30 Pasteten & Terrinen
34 Herrliche Sülzen
36 Extra: Bunte Eiervielfalt
38 Große Fischplatten
42 Terrine & Sülze vom Fisch

44 *Cocktails, Salate & Gemüse*

46 Festliche Cocktails
48 Partysalate
54 Leichte Salate
56 Farbenfrohe Gemüseplatten
62 Extra: Dips & Dressings
64 Gemüsesülzen
66 Herzhaft Eingelegtes

Inhaltsverzeichnis

70 *Brot & Käse*

72 Frisches Brot
76 Extra: Buttervariationen
78 Käseplatten
80 Käsespezialitäten
84 Käsegebäck

86 *Desserts*

88 Fruchtige Grützen & Terrinen
90 Blütendesserts
92 Cremes, Puddings & Co.
100 Obstsalate
102 Süße Blechkuchen
106 Leckere Muffins
108 Extra: Bowlen

110 *Anrichten & Garnieren*

112 Sektempfang
114 Klassisches Büfett
116 Kleine Feier im Freundeskreis
118 Rustikales Büfett
120 Gartenparty
122 Garniturvorschläge

126 Rezeptregister

128 Impressum

Inhaltsverzeichnis

Vorwort

Genießen ist herrlich! Aber noch besser schmeckt es in netter Gesellschaft. Wer ohne Stress, ausgeruht und erholt, seine Gäste empfangen will, für den ist die kalte Küche genau das Richtige. Schließlich lassen sich alle Speisen toll vorbereiten, so dass Sie schon lange fertig sind, ehe die ersten Gäste eintreffen. So können Sie sich in aller Ruhe noch selbst frisch machen, ohne Hektik die Besucher empfangen, ja, Sie sind beinahe Ihr eigener Gast und dürfen sich selbst verwöhnen. Selbstverständlich funktioniert auch das Erfolgsrezept der kalten Partyküche nicht ohne gut durchdachte Vorbereitungen. Aber man kann – und das ist der besondere Vorzug – schon ein bis zwei Tage vor der Feier mit der Arbeit beginnen. Hilfreiche Hände von Freunden und Nachbarinnen, Schwiegertöchtern, Müttern und Schwiegermüttern sollte man nicht ausschlagen. Viele Köche verhindern nicht nur das Einerlei, es macht auch riesigen Spaß, gemeinsam die leckersten Speisen zuzubereiten. Nicht zu vergessen, dass man ganz nebenbei so manchen bis dahin nicht bekannten Tipp und Trick erfährt.

Das Wichtigste bei der Zubereitung kalter Speisen sind Qualität und Frische der Zutaten. Denn das Auge isst mit, und die Nase ist unbestechlich. Das Gleiche gilt für die Aufbewahrung und Vorbereitung fertig gekaufter Speisen. Wurst, Schinken und Käse sollten nach dem Einkaufen sofort luftdicht in Klarsichtfolie verpackt und in den Kühlschrank gelegt werden. Und: Ohne gutes Werkzeug geht (beinahe) nichts. Nicht nur elektrische Geräte wie Quirl und Toaster ersparen Zeit und Arbeit. Von der Küchenschere, über das ausgewählte Sortiment an scharf gewetzten Messern für Gemüse, Brot, Obst, Fleisch und Käse bis zum Julienne-Reißer und Kugelausstecher: Jeder Handgriff erfordert ein spezielles Gerät, damit später alle rundum mit dem Ergebnis zufrieden sind.

Mariniertes Gemüse kann problemlos am Vorabend zubereitet werden. Kleingebäck schiebt man am Morgen in den Ofen, damit man später Zeit für die letzten Kleinigkeiten hat. Auch Braten-, Wurst- und Käseplatten können Sie ohne

Vorwort

Bedenken bereits mehrere Stunden vor der Feier zusammenstellen. Die Platten müssen jedoch bis zum Servieren mit Klarsichtfolie abgedeckt und an einem kühlen Platz gelagert werden. Vergessen Sie nicht, die Pelle von der Wurst und die Fettränder vom Schinken zu entfernen (nur ein kleiner Rand kann bleiben, er macht den Schinken optisch reizvoller). Denken Sie auch daran, dass gekühlter Käse mindestens eine Stunde bei Raumtemperatur stehen muss, damit er sein volles Aroma entfalten kann.

Planen Sie auf jeden Fall genügend Zeit ein, die zubereiteten Köstlichkeiten hübsch zu garnieren. Denn die Garnitur ist das Tüpfelchen auf dem i. Zu üppig sollten die Farbtupfer jedoch auch nicht ausfallen, schließlich soll das Essen die Hauptrolle spielen. Weniger ist oftmals mehr! Lassen Sie es jedoch nicht an Sorgfalt mangeln und achten Sie darauf, dass alles, was aufgetischt wird, essbar ist. Und sorgen Sie dafür, dass stets genügend Brot bereitsteht. Ein ganz besonderer Applaus ist Ihnen sicher, wenn Sie Ihren Gästen Selbstgebackenes servieren: Ein knuspriges, vielleicht sogar noch leicht warmes Frühlings- oder Holunderblütenbrot macht die Einladung bestimmt noch lange zum Gesprächsthema.

Vergessen Sie bei der Zusammenstellung des Büfetts nicht all diejenigen, denen das Dessert der liebste Gang ist. Puddings und Cremes lassen sich ebenso herrlich vorbereiten wie Obstsalate und Gelees. Nur auf Eis und Soufflés sollten Sie besser verzichten: Diese empfindlichen Köstlichkeiten müssen schnell gegessen werden und überstehen die langen Wartezeiten auf dem Büfett nicht.

Ist dann das Büfett hübsch dekoriert, stehen ausreichend Geschirr, Besteck und Gläser bereit und sind die Tische mit Blumen und Kerzen festlich geschmückt, können die Gäste kommen. Und auch Sie können sich auf eine ausgelassene Party freuen.

Vorwort

Finger

food & Canapés

Gerade auf einer großen Party ist oft nicht genug Platz für Tische und Stühle. Wie gut, dass für viele kleine und leckere Häppchen weder Besteck noch Geschirr nötig sind. So kann man sich mal hier und mal dort unterhalten und hat noch dazu eine Hand für das Glas frei. Leckere Canapés, Sandwiches, würziges Gebäck und anderes Fingerfood laden zum Probieren ein. Ausgezeichnet, dass die einzelnen Stücke so klein sind, sonst wäre man ja viel zu schnell satt.

Canapés mit Hühnerbrust und Orangen
(Ergibt 10 Stück)

5–10 dünne Weißbrotscheiben,
Orangenbutter (Rezept S. 76),
3–5 Salatblätter,
200 g gebratene Hühnerbrust,
Filets von 1 Orange, 2 Kumquats, gehackte Pistazien

Aus den Weißbrotscheiben 10 Kreise von 5 cm Durchmesser ausschneiden, mit Butter bestreichen und mit einem ebenfalls rund zugeschnittenen Salatblatt belegen. Dann die Hühnerbrust in dünne Scheiben schneiden und aufrollen. Je 2 Rollen auf eine Brotscheibe legen. Mit Orangenfilets, in Scheiben geschnitten Kumquats und gehackten Pistazien hübsch garnieren.

Canapés mit Gemüse
(Ergibt 10 Stück)

5–10 Weißbrotscheiben,
Kräuterbutter (Rezept S. 76),
1 Tomate,
100 g Ziegenfrischkäse,
2 EL Crème fraîche,
Salz, Pfeffer, Spargel

Aus dünnen Weißbrotscheiben 10 Kreise von 5 cm Durchmesser ausstechen, mit Butter bestreichen. Tomate häuten, entkernen und pürieren. Ziegenkäse, Crème fraîche und Tomatenpüree verrühren und mit Salz und Pfeffer würzen. In einen Spritzbeutel mit Sterntülle füllen und die belegten Brote mit Käsecreme bespritzen. Obenauf gegarte Spargelspitzen geben.

Canapés mit Räucherlachs
(Ergibt 10 Stück)

5–10 dünne Weißbrotscheiben,
Meerrettichbutter (Rezept S. 77), 150 g Räucherlachs,
Dillspitzen

Aus dünnen Weißbrotscheiben 10 Kreise von 5 cm Durchmesser ausstechen und mit Butter bestreichen. Lachs zu Rosetten formen, auf die Brote legen und mit Dill garnieren.

Canapés mit Käsecreme
(Ergibt 10 Stück)

4–5 dünne Weißbrotscheiben,
150 g Doppelrahmfrischkäse,
je 1 EL Zitronensaft,
Schlagsahne und gehackte Basilikumblättchen,
Feigen, Weintrauben,
Walnusshälften

Weißbrotscheiben entrinden und in Quadrate von 3 cm Kantenlänge schneiden. Frischkäse mit Zitronensaft, Schlagsahne und Basilikum verrühren und auf die Brötchen spritzen. Mit Feigen, Trauben und Nüssen dekorieren.

Canapés mit Wurst und Käse
(Ergibt 10 Stück)

10 Scheiben Baguette, Butter,
100 g Schinken oder Salami,
50 g Emmentaler,
blaue Trauben, Spargelköpfe

Baguette buttern. Je 5 Scheiben mit Wurst und Käse belegen. Hübsch garnieren.

Canapés mit Blüten
(Ergibt 10 Stück)

5–10 dünne Scheiben Holunderblütenbrot (Rezept S. 72), Butter, kandierte Blüten

Aus den Brotscheiben 10 Herzen, Kreise oder Blüten ausstechen, mit Butter bestreichen und mit kandierten Blüten belegen.

Canapés mit Krabben
(Ergibt 10 Stück)

5–10 dünne Weißbrotscheiben, Butter, 3–5 Salatblätter,
40 gekochte und geschälte Krabben, 20 gegarte weiße Spargelspitzen, Petersilie

Aus den Weißbrotscheiben 10 kleine Herzen ausstechen, mit Butter bestreichen und mit je einem ebenfalls herzförmig ausgestochenem Salatblatt belegen. Jeweils 4 Krabben und 2 weiße Spargelspitzen auf den Salat legen und mit Petersiliensträuschen verzieren.

Canapés mit Kaviar
(Ergibt 10 Stück)

5–10 dünne Weißbrotscheiben,
Kaviarbutter (Rezept S. 76),
150 g Ketakaviar,
5 hart gekochte Wachteleier,
Dillspitzen

Weißbrotscheiben entrinden, zu Rauten (Länge etwa 6 cm) schneiden und mit Butter bestreichen. Mit Kaviar belegen und mit je 1/2 Wachtelei und Dillspitzen garnieren.

Leckere Canapés und Croûtons

Canapé mit Räucherlachs

Canapé mit Krabben

Canapé mit Emmentaler

Canapé mit Hühnerbrust

Canapé mit Gemüse

Knusprige Croûtons

Rechnen Sie pro Gast mit etwa 15 Croûtons.

Als Belag eignet sich

Roter Kaviar mit Dillspitzen
Würfel von Geflügelfleisch mit Mandarinen
Feine Streifen von Lachsschinken mit Melonenkugeln
Gekochte Wachteleihälften mit Ketakaviar
Salamischeiben mit Schnittkäsewürfeln und Walnüssen
Lachsröllchen mit Meerrettichsahne
Leberpastete mit halbierten, entkernten Weintrauben
Würfel von Wildpastete mit Orangenfilets
Schmelzkäsewürfel mit Kresse und Radieschenscheiben
Würfel von Schweizer Käse mit getrockneten Feigen
Hüttenkäse mit Kresse und Tomatenwürfeln
Krabben mit feinen Trüffelstreifen

Übrigens

Für die Croûtons eignet sich am besten Weiß- oder Roggenbrot. Es wird in hauchdünne Scheiben geschnitten, entrindet und dünn mit Butter bestrichen. Erst dann in mundgerechte Stücke teilen und belegen.

Kandierte Holunderblüten

8 Holunderblütendolden
(Stiele etwa 3 cm lang),
6 Eiweiß, 600 g feiner Zucker

Die Blütendolden vorsichtig abbrausen. Das Eiweiß vorsichtig mit 8 EL kaltem Wasser verrühren, damit kein Schaum entsteht. Alle Bläschen abschöpfen. Holunderblüten in die Eiweißmasse tauchen, herausnehmen und abtropfen lassen. Die Blüten mit Zucker bestreuen. Jeden Stiel auf eine hakenförmig auseinander gezogene Büroklammer stecken und dann an einem trockenen, warmen Ort aufhängen. Mindestens 4 Tage trocknen lassen.

Kandierte Borretschblüten

100 g Borretschblüten,
2 Eiweiß, Zitronensaft
300 g Zucker,

Das Eiweiß mit einigen Spritzern Zitronensaft mischen. Bläschen abschöpfen. Zucker auf einem Tablett ausschütten. Blüten mit einer Pinzette erst in die Eiweiß-Zitronensaft-Mischung tauchen und abtropfen lassen. Die feuchten Blüten anschließend in das Zuckerbett tauchen. Eventuell zusätzlich von oben mit Zucker bestreuen. Auf einem Pergamentpapier völlig trocknen lassen. Luftdicht, trocken und warm aufbewahren.

Leckere Canapés und Croutons

Gefüllte Pflaumen
(Ergibt 20 Stück)

20 Pflaumen,
2 Ecken Schmelzkäse,
1 EL Butter,
150 g Crème fraîche,
2 EL Sliwowitz

Die Pflaumen waschen, der Länge nach aufschneiden und die Kerne herauslösen. Schmelzkäse und Butter schaumig rühren, Crème fraîche und Sliwowitz zufügen. 1 Stunde ziehen lassen. Die Pflaumen füllen.

Avocados mit Mascarpone
(Ergibt 10 Stück)

5 reife Avocados (je 200 g),
Salz, frisch gemahlener weißer Pfeffer,
Saft von 2 Zitronen,
1 EL Zucker,
2 Bund Basilikum,
1 kg Mascarpone,
125 g Parmesan,
1/4 l Schlagsahne,
2 feste Tomaten

1 Die Avodacos halbieren und entsteinen. Fruchtfleisch herausnehmen und pürieren. Salz, Pfeffer, Zitronensaft und Zucker unterrühren.

2 Basilikum waschen und fein zerkleinern. Mit Mascarpone, Reibekäse und Avocadopüree vermischen. Die Sahne steif schlagen und unterheben.

3 Die Masse in einen Spritzbeutel füllen und in die Avocadoschalen spritzen. Tomaten blanchieren, häuten, würfeln und die Avocados damit dekorieren.

Roquefort-Birnen
(Ergibt 10 Stück)

5 reife Birnen,
Saft von 1 Zitrone,
150 g Roquefort,
1 EL Quark,
1 EL Butter,
100 ml Schlagsahne,
Kresse, 10 blaue Weintrauben,
200 g gares Fleisch vom Wild,
1 EL mittelscharfer Senf,
4 EL Majonäse,
2 EL Johannisbeergelee, Salz,
marinierte Selleriescheiben

1 Die Birnen waschen, halbieren, vom Kerngehäuse befreien, etwas aushöhlen und mit Zitronensaft marinieren.

2 In einer Schüssel den Käse mit Quark und Butter verrühren, die Sahne steif schlagen und unterheben. Die Creme auf 5 Birnenhälften verteilen und mit Kresseblättern und halbierten, entkernten Weintrauben garnieren.

3 Für die restlichen Birnenhälften das Fleisch in kleine Würfel schneiden und mit Senf, Majonäse, Johannisbeergelee und Salz vermischen. Die Masse auf den Birnenhälften anrichten und mit Sellerie dekorieren.

Übrigens
Damit sich das Fleisch von Birnen und Avocados nicht braun verfärbt, muss es rundum sorgfältig mit Zitronensaft beträufelt werden. Bei Avocados den Kern möglichst lange in der Frucht lassen oder bis zum Servieren in das Fruchtpüree geben. Auch er verhindert eine Verfärbung.

Pfirsiche mit Hähnchenfleisch
(Ergibt 10 Stück)

5 reife Pfirsiche,
250 g gares Hähnchenfleisch,
5 EL Majonäse,
2 EL Zitronensaft, Salz, frisch gemahlener weißer Pfeffer

Die Pfirsiche mit kochendem Wasser überbrühen, häuten, halbieren und entsteinen. Das Fleisch in feine Streifen schneiden und in eine Schüssel geben. Majonäse und Zitronensaft untermischen; alles mit Salz und Pfeffer abschmecken. Die Pfirsichhälften mit dem Fleischsalat füllen.

Würzige Apfelscheiben
(Ergibt 10 Stück)

6 Matjesfilets,
2 Gewürzgurken,
2 Schalotten,
je 1 Bund Petersilie, Schnittlauch und Dill, 8 EL Öl,
frisch gemahlener weißer Pfeffer, 2 Äpfel, Zitronensaft

1 Die Matjesfilets und die Gewürzgurken in feine Würfel schneiden und in eine Schüssel geben.

2 Mit fein gehackten Schalotten und Kräutern vermengen. Mit Öl und Pfeffer vermischen. Zugedeckt 2 Stunden durchziehen lassen.

3 Die Äpfel waschen, das Kerngehäuse ausstechen und in 10 Scheiben schneiden. Sofort mit Zitronensaft beträufeln und den Heringssalat dekorativ darauf anrichten.

Garnierte Ananasscheiben
(Ergibt 10 Stück)

15 Ananasscheiben
(aus der Konserve),
2 Entenbrustfilets (750 g),
1 EL Butterschmalz,
6 EL Sojasauce,
150 g Cashewkerne,
2 EL Zucker,
1 EL Butter,
4 EL Weißwein,
6 EL Weißweinessig,
6 EL Öl,
1 EL Honig

1 Die Ananasscheiben abtropfen lassen. Die Entenbrustfilets häuten und in Streifen schneiden. Das Fleisch im Butterschmalz auf jeder Seite 3 Minuten braten. 4 EL Sojasauce über das Fleisch geben und noch 2 Minuten braten. Herausnehmen und auskühlen lassen.

2 Die Cashewkerne längs halbieren. Den Zucker in einer kleinen Pfanne zu goldbraunem Karamell schmelzen. Butter und Weißwein zugeben und erhitzen, bis sich der Karamell aufgelöst hat. Cashewkerne im heißen Karamell wenden. Herausnehmen und auf Pergamentpapier auskühlen lassen.

3 5 Ananasscheiben klein schneiden. Die Entenbrust quer in feine Streifen schneiden. Ananas und Fleisch in eine Schüssel geben und mit Essig, Öl, Honig und der restlichen Sojasauce vermengen. Den Fleischsalat auf Ananasscheiben anordnen und mit kandierten Cashewkernen dekorieren.

Bunte Obstplatte

Gefüllte Pflaumen (links und rechts),
Roquefort-Birnen (Mitte)

Garnierte Ananasscheiben

Würzige Apfelscheiben

Avocados mit Mascarpone (oben)
Pfirsiche mit Hühnchenfleisch (unten)

Brombeerdrink

100 g frische oder gefrorene Brombeeren, 1 TL Zitronensaft, 1 EL Zucker,
150 g eiskalte Buttermilch

Frische Brombeeren waschen und gut abtropfen lassen; gefrorene Beeren auftauen. Im Mixer pürieren, Zitronensaft und Zucker zugeben. Buttermilch in einem dünnen Strahl zum Fruchtpüree gießen und alles ein- bis zweimal kräftig aufschäumen. Durch ein Sieb in ein Longdrinkglas gießen.

Kräuterkefir

1 kleine Schalotte, 1/2 Bund Radieschen, 1 EL Zitronensaft, 175 ml eiskalter Kefir, frisch gemahlener weißer Pfeffer, Salz, Kresse

Schalotte schälen und in feine Würfel schneiden. Radieschen waschen, putzen und zerkleinern. Beides im Mixer pürieren. Zitronensaft und etwas Kefir untermischen. Den restlichen Kefir zugießen und alles kräftig aufschäumen. Würzen, in einen Whiskeytumbler schütten und mit Kresse garnieren.

Übrigens
Der Kräuterdrink schmeckt natürlich auch mit Buttermilch.

Strawberry Margarita

5 frische oder gefrorene Erdbeeren, 2 EL Limettensaft,
1 EL Erdbeersirup, 6 cl weißer Tequila, zerstoßenes Eis

Frische Erdbeeren waschen, putzen und vierteln; gefrorene Beeren auftauen lassen. Früchte mit Limettensaft, Erdbeersirup, Tequila sowie etwas Eis in den Mixer geben und kräftig durchmischen. Im Cocktailglas servieren.

Kiwi Lagoon

1 Kiwi, 1 EL Limettensaft,
1 TL brauner Zucker,
1 TL Curaçao blue,
8 cl Ananassaft, Eiswürfel

Kiwi schälen und halbieren. Das Fruchtfleisch grob zerteilen und mit Limettensaft, Zucker und Curaçao im Mixer pürieren. Mit Ananassaft aufgießen und alles kräftig durchmixen. Durch ein Sieb in ein Cocktailglas mit Eiswürfeln füllen.

Piña Colada

3 EL Kokossirup, 12 cl Ananassaft, 6 cl weißer Rum, gestoßenes Eis

Kokossirup, Ananassaft und Rum im Shaker kräftig durchmischen. Mit Eis in einem bauchigen Cocktailglas servieren.

Jedes Rezept ergibt
1 Glas.

Piña Colada

Strawberry Margarita

Drinks & Cocktails

Kräuterkefir (oben), Brombeerdrink (unten)

Kiwi Lagoon (oben), Yellow Kiss (unten)

Yellow Kiss

Je 1 EL Kokosnuss- und Maracujasirup, 3 cl Cognac, je 6 cl Orangen- und Maracujasaft, zerstoßenes Eis

Sirup, Cognac und Säfte im Shaker gut miteinander vermischen. Durch ein Sieb in ein Kelchglas mit Eis füllen.

Golden Heart

Je 2 cl Gin und Aprikosen-Brandy,
0,1 l Orangensaft,
gestoßenes Eis

Gin, Brandy, Orangensaft und Eis in den Shaker füllen und kräftig schütteln. Im Cocktailglas servieren.

Wermutcocktail

4 cl roter Wermut,
1 cl Curaçao, 2 cl Gin,
1 EL Zitronensaft,
gestoßenes Eis

Wermut, Curaçao, Gin und Zitronensaft im Mixer kräftig durchschütteln. In ein mit Eis gefülltes Cocktailglas gießen.

Übrigens
Zuckersirup löst sich im Drink besser als Raffinade. So stellen Sie ihn her: 250 g Zucker in 1/4 l Wasser aufkochen bis er sich ganz aufgelöst hat. Sirup in eine Flasche füllen.

Caipirinha

2 kleine Limetten,
1 EL brauner Zucker,
gestoßenes Eis,
5 cl Pitú

Limetten unter heißem Wasser gründlich waschen. Die Früchte vierteln, in einen Whiskeytumbler geben und mit einem Kochlöffelstiel leicht stampfen. Zucker und Eis zugeben. Mit Pitú auffüllen.

Tequila Sunrise

Gestoßenes Eis,
6 cl weißer Tequila,
1 Spritzer Zitronensaft,
2 EL Grenadine,
0,1 l Orangensaft

Ein Longdrinkglas zur Hälfte mit Eis füllen. Nacheinander Tequila, Zitronensaft und Grenadine zugeben. Ganz langsam und sehr vorsichtig mit Orangensaft auffüllen. Der Saft darf sich nicht mit der Grenadine vermischen.

Mai Tai

4 cl Rum, 2 cl Curaçao orange, 4 cl Orangensaft, je 2 cl Zitronen- und Ananassaft, zerstoßenes Eis

Rum, Curaçao, Säfte und Zuckersirup mit etwas zerstoßenem Eis in den Shaker geben und kräftig schütteln. Ein Longdrinkglas mit Eis füllen, Cocktail aufgießen.

Drinks & Cocktails 15

Pumpernickelwürfel
(Ergibt 8 Stück)

150 g weiche Butter,
300 g Camembert,
1 Bund Schnittlauch,
3 EL Quark,
Salz, frisch gemahlener
weißer Pfeffer,
1 kräftige Prise Paprikapulver
edelsüß,
10 Scheiben Pumpernickel,
8 kleine Camembertwürfel,
8 gefüllte Oliven

Die Butter in eine Schüssel geben und schaumig rühren. Den Camembert mit einer Gabel zerdrücken. Den Schnittlauch waschen und klein schneiden. Camembert, Schnittlauchröllchen und Quark mit der Butter vermischen. Mit Salz, Pfeffer und Paprika würzen. Die Pumpernickelscheiben mit der Käsemasse bestreichen. Jeweils 5 Scheiben übereinander setzen, 1 Stunde kalt stellen und anschließend jeweils in 4 Stücke teilen. Die Dominosteine mit Camembert und Oliven dekorieren.

Übrigens
Bei der Garnierung der Pumpernickelwürfel sind Ihrer Fantasie keine Grenzen gesetzt. Statt der Oliven können Sie beispielsweise Perlzwiebeln, kleine Maiskolben, Paprikastückchen, Selleriescheibchen oder kleine Essiggurken verwenden. Wer es fruchtiger mag, variiert mit Weintrauben, Mandarinen, Ananas oder Cocktailkirschen.

Pumpernickel mit Gorgonzola-Eiern
(Ergibt 8 Stück)

8 hart gekochte Eier,
100 g Gorgonzola (ersatzweise anderer Edelpilzkäse),
3 EL Crème fraîche,
1/2 TL mittelscharfer Senf,
10 fein gehackte Kapern,
8 Scheiben Pumpernickel,
30 g Butter,
1 Stange Staudensellerie

Die Eier schälen. 4 Eier in Scheiben schneiden. Die restlichen Eier halbieren, das Eigelb in eine Schüssel füllen, das Eiweiß fein hacken und beiseite stellen. Das Eigelb mit Gorgonzola, Crème fraîche, Senf und Kapern verrühren und in einen Spritzbeutel mit Sterntülle füllen. Die mit Butter bestrichenen Pumernickelscheiben mit Eischeiben und dem fein gehackten Eiweiß belegen; mit der Gorgonzolacreme verzieren. Mit Streifen von Staudensellerie garnieren.

Übrigens
Statt des Eiweißes können Sie auch sehr dünne, mit Zitronensaft marinierte Birnenspalten auf der Gorgonzolacreme verteilen. Besonders lecker schmeckt es, wenn Sie die Birnen vorher leicht dünsten. Dem Wasser einige Spritzer Zitronensaft beigeben. Oder statt Wasser einen leichten Rotwein verwenden. Ebenso lecker aber weniger zeitaufwendig sind halbierte, gehäutete und entkernte Trauben.

Sandwiches & Co.

Vollkornbrot mit Tomaten (links oben),
Vollkornbrot mit Gurken (links unten),
Vollkornbrot mit Radieschen (rechts)

Vollkornbrot mit Radieschen
(Ergibt 8 Stück)

175 g Doppelrahmfrischkäse,
Salz,
frisch gemahlener Pfeffer,
1 EL fein geschnittene Frühlingskräuter,
2 Bund Radieschen,
4 Scheiben Vollkornbrot,
Petersilie

Den Käse in eine Schüssel geben und mit Salz, Pfeffer und Kräutern verrühren. Die Radieschen putzen waschen und in Scheiben schneiden. Die Brotscheiben halbieren, mit der Käsemasse bestreichen, die Radieschenscheiben schuppenförmig darauf anordnen und mit fein gehackter Petersilie garnieren.

Vollkornbrot mit Tomaten
(Ergibt 8 Stück)

4 Scheiben Vollkornbrot,
40 g Zwiebelbutter (Rezept S. 77),
4–5 Tomaten,
8 Sardellen,
1 Bund Petersilie,
evtl. 8 Perlzwiebeln

Die Brotscheiben mit Zwiebelbutter bestreichen und halbieren. Die Tomaten waschen, in Scheiben schneiden und auf den Brotscheiben anordnen. Jeweils 1 gerolltes Sardellenfilet obenauf geben. Mit Petersilie bestreuen und nach Belieben mit je 1 Perlzwiebel garnieren. Mit Folie bedecken und bis zum Servieren in den Kühlschrank stellen.

Vollkornbrot mit Gurken
(Ergibt 16 Stück)

8 Scheiben Vollkornbrot,
80 g Sardellenbutter (Rezept S. 76),
1 Salatgurke,
frisch gemahlener weißer Pfeffer,
Majonäse,
Krabben,
Dillzweige

Die Brotscheiben halbieren und mit Sardellenbutter bestreichen. Die Gurke waschen, in hauchdünne Scheiben schneiden und die Brotscheiben damit dicht belegen; mit Pfeffer bestreuen (nicht salzen, die Sardellenbutter ist salzig genug). Mit Majonäsetupfern, Krabben und Dill verzieren.

Vollkornbrot mit Leberpastete
(Ergibt 16 Stück)

8 Scheiben Kastenvollkornbrot, 80 g Butter,
150 g Leberpastete,
je ein Stück rote, gelbe und grüne Paprikaschote

Die Brotscheiben diagonal halbieren, so dass jeweils 2 Dreiecke entstehen. Die Brotecken mit Butter und Leberpastete bestreichen und mit fein geschnittenen Paprikastreifen garnieren.

Übrigens
Wenn Sie kleinere Häppchen bevorzugen, stechen Sie ganz einfach mit einer runden Plätzchenform Kreise aus den Brot.

Sandwiches & Co.

Vollkornbrot mit Heringssalat
(Ergibt 8 Stück)

5 Äpfel,
100 g Butter,
8 Vollkornbrotscheiben,
400 g Heringssalat,
Petersilie,
Essiggurken (in dünne
Scheiben geschnitten),
Tomatenscheiben

Die Äpfel ausstechen, schälen und in Scheiben schneiden. In einer Pfanne 30 g
Butter zerlassen, die Apfelscheiben darin schwenken,
herausnehmen und aus-
kühlen lassen. Die Brot-
scheiben mit der restlichen
Butter bestreichen, die
Apfelscheiben auflegen und
den Heringssalat darauf
anordnen. Mit Petersiliensträußchen, Gurken- und
Tomatenscheiben garnieren.

Weißbrot mit Schinken und Käse
(Ergibt 8 Stück)

4 Weißbrotscheiben,
50 g Rosenbutter
(Rezept S. 77),
8 dünne Scheiben Lachs-
schinken,
2 Karambolen,
8 Melonenkugeln,
8 Würfel Emmentaler

Brotscheiben halbieren und
mit Butter bestreichen. Die
Schinkenscheiben ziehhar-
monikaartig falten und auf
die Brote legen. Karambolen
in Scheiben schneiden. Auf
8 Spießchen jeweils eine
Melonenkugel, einen Käse-
würfel und eine Karambo-
lenscheibe stecken und die
Schinkenbrote mit den
Fruchtspießen garnieren.

Frühlingsbrot mit Salami
(Ergibt 8 Stück)

4 Scheiben Frühlingsbrot
(Rezept S. 72),
50 g Kräuterbutter
(Rezept S. 76),
16 Scheiben Salami,
2 Schalotten,
8 gefüllte Oliven

Die Brotscheiben halbieren,
mit Butter bestreichen und
mit jeweils 2 Salamischeiben belegen. Die Schalotten
schälen und in dünne Ringe
schneiden. Die Oliven ebenfalls fein schneiden. Die
Brote mit Zwiebelringen
und Oliven dekorieren.

Weißbrot mit Nusskäse
(Ergibt 8 Stück)

175 g Frischkäse,
50 g Butter,
4 EL gehackte Walnüsse,
2 getrocknete, fein geschnittene Datteln,
1 Prise Paprika edelsüß,
Salz, frisch gemahlener
weißer Pfeffer,
4 Scheiben Kastenweißbrot,
Thymianblüten,
Walnusshälften,
Pistazien

Den Käse in eine Schüssel
geben und mit der Butter,
den Walnüssen und Datteln
verrühren. Mit Paprika,
Salz und Pfeffer herzhaft
abschmecken. Die Käsemas-
se auf die Weißbrotscheiben
streichen. Die Brotscheiben
diagonal halbieren, so dass
jeweils 2 Dreiecke entstehen. Die Brote mit Thymi-
anblüten, Walnusshälften
und Pistazien appetitlich
dekorieren.

Holunderblütenbrot mit Lachsröllchen
(Ergibt 8 Stück)

4 Scheiben Holunderblütenbrot (Rezept S. 72)
60 g Butter,
2 hart gekochte Eier,
1 TL Kapern,
1 EL fein gewiegte Kräuter,
2 TL Weinessig,
2 TL Öl,
8 Scheiben geräucherter
Lachs,
Basilikum

Die Brotscheiben halbieren
und mit Butter bestreichen.
Eier und Kapern fein hacken
und mit Kräutern, Essig und
Öl vermischen. Die Eimasse
auf den Lachsscheiben verteilen. Die Scheiben auf-
rollen und auf die Brote
legen. Mit Basilikum gar-
nieren.

Weißbrot mit Kasselerröllchen
(Ergibt 16 Stück)

8 Scheiben Weißbrot
80 g Butter
250 g Sauerkraut
3 EL Crème fraîche,
Salz, Pfeffer,
16 dünne Scheiben Kasseler,
1–2 grüne Paprikaschoten

Die Brotscheiben mit Butter
bestreichen. Das Sauerkraut
fein hacken und in eine
Schüssel geben. Crème
fraîche, Salz und Pfeffer
zufügen, alles vermischen
und gleichmäßig auf den
Kasselerscheiben verteilen.
Die Scheiben aufrollen.
Jeweils 1 Röllchen auf die
Brotscheiben legen. Die
Paprika in feine Würfel
schneiden und die Brote
damit garnieren.

Schärpplätze mit Schinken
(Ergibt 8 Stück)

4 Schärpplätze (Rezept S. 74),
80 g Meerrettichbutter
(Rezept S. 77),
200 g Quark,
4 EL Crème fraîche,
1 EL Schlagsahne,
2 EL frisch geriebener
Meerrettich, Salz,
Zucker, 16 Scheiben
gekochter Schinken,
2 Tomaten,
Petersiliensträußchen

Die Schärpplätze waagerecht
durchschneiden und mit
Meerrettichbutter bestrei-
chen. Den Quark in eine
Schüssel geben und mit
Crème fraîche, Schlagsahne,
Meerrettich, Salz und einer
Prise Zucker verrühren.
Die Quarkmasse in einen
Spritzbeutel füllen. Schin-
ken auf die Schärpplätze
legen. Dicke Quarkrosetten
aufspritzen. Tomaten in
Scheiben schneiden, auf die
Schinkenröllchen legen und
mit Petersiliensträußchen
hübsch garnieren.

Übrigens
Natürlich können Sie den
Belag und die Brotsorten
der hier beschriebenen
Rezepte beliebig variieren.
Schließlich gibt es nicht das
ganze Jahr über Holunder-
blüten und vielleicht haben
Sie im Winter keinen Appetit auf Frühlingskräuter. Auch
wer das Brot nicht selbst
backen will, braucht nicht
auf Geschmacksvielfalt verzichten. In Deutschland
gibt es schließlich über 200
verschiedene Brotsorten.
Da ist Abwechslung auf
jeden Fall garantiert.

Sandwiches & Co.

Im Uhrzeigersinn:
Schärpplätze mit Schinken
Weißbrot mit Kasselerröllchen
Frühlingsbrot mit Salami
Vollkornbrot mit Leberpastete
(Rezept S. 17)

Im Uhrzeigersinn:
Holunderblütenbrot mit Lachsröllchen
Weißbrot mit Schinken und Käse
Vollkornbrot mit Heringssalat

Käsewindbeutel
(Ergibt 8 Stück)

Für den Teig:
50 g Butter, Salz,
75 g Mehl,
50 g Buchweizenmehl,
4 Eier

Für die Füllung:
50 g Roquefort,
100 g Frischkäse,
1/4 l Schlagsahne,
1 EL Preiselbeerkonfitüre

1 In einem Topf 200 ml Wasser, Butter und Salz zum Kochen bringen. Das Mehl mit dem Buchweizenmehl vermischen, in das Wasser schütten und unter Rühren bei leiser Hitze kochen, bis sich die Masse als Kloß vom Topfboden löst.

2 Den Teig in eine Schüssel geben, nach und nach die Eier einrühren. Sobald die Masse ausgekühlt ist, in einen Spritzbeutel mit Sterntülle füllen.

3 Ein Backblech mit Backpapier auslegen und walnussgroße Tupfer aufspritzen. Im vorgeheizten Backofen bei 200 °C etwa 15 Minuten backen. Herausnehmen, auf einem Kuchengitter auskühlen lassen und waagerecht durchschneiden.

4 Den Roquefort mit einer Gabel zerdrücken. Frischkäse zufügen. Die Schlagsahne steif schlagen und unter den Käse heben. Zuletzt die Preiselbeerkonfitüre unterheben. Die Windbeutel mit der Käsecreme füllen und kalt stellen.

Käsestangen
(Ergibt 30 Stück)

300 g Mehl, 1 Pck. Backpulver, 250 g Quark,
1 kräftige Prise Salz,
250 g kalte Butter,
Milch, Reibekäse, Kümmel

1 Das Mehl mit dem Backpulver vermischen und in eine Schüssel sieben. In die Mitte eine Vertiefung drücken. Den Quark auspressen und durch ein Sieb in die Vertiefung streichen. Salz und Butter in Stücken darauf geben.

2 Mit Mehl bedecken und von der Mitte her alle Zutaten zu einem glatten Teig verarbeiten. 1/2 cm dick ausrollen, mehrmals übereinander schlagen und wieder ausrollen. Denselben Vorgang noch dreimal wiederholen.

3 Den Teig über Nacht kalt stellen. Am nächsten Tag den Teig 4 mm dick ausrollen, Streifen, Quadrate und Rhomben ausrädeln, mit Milch bestreichen und gleichmäßig mit Käse und Kümmel bestreuen.

4 Ein Backblech mit kaltem Wasser abspülen, die Teigstücke auflegen und im vorgeheizten Backofen bei 200 °C etwa 10 Minuten goldgelb backen.

Übrigens
Wenn es schnell gehen muss, lassen sich Käsestangen auch aus Tiefkühlblätterteig backen. Den Teig nach Packungsanleitung verarbeiten, belegen und knusprig backen.

Kräuterhörnchen
(Ergibt 16 Stück)

500 g Mehl, 40 g Hefe,
1/4 l Milch,
2 Schalotten,
2–3 Knoblauchzehen,
je 1 Bund Schnittlauch und Petersilie, 100 g Butter,
1/2 TL Salz,
1 TL gemahlener Kümmel,
1 TL Majoran,
2 Eigelb, Salz, Kümmel,
Öl für das Backblech

1 Das Mehl in eine Schüssel sieben und in die Mitte eine Vertiefung drücken. Die Hefe in etwas lauwarmer Milch glatt rühren und in die Vertiefung geben. Mit Mehl bestäuben. Zugedeckt 30 Minuten gehen lassen.

2 Schalotten und Knoblauchzehen schälen, Schnittlauch und Petersilie waschen und abtropfen. Alles fein schneiden.

3 Schalotten, Knoblauch, Kräuter, die Butter in Flöckchen, Salz, Kümmel und Majoran auf dem Mehlrand verteilen. Von der Mitte her zu einem geschmeidigen Teig verarbeiten, dabei die restliche Milch zugeben. Zugedeckt 1 Stunde gehen lassen.

4 Den Teig nochmals durchkneten, ausrollen, Quadrate von 12 x 12 cm schneiden, aufrollen und zu Hörnchen formen. Mit Eigelb bestreichen und mit Salz, Kümmel und Majoran bestreuen. Auf ein geöltes Backblech legen. Im vorgeheizten Backofen bei 200 °C etwa 25 Minuten goldgelb backen.

Schinkenhörnchen
(Ergibt 16 Stück)

150 g Quark,
5 EL Milch, 5 EL Öl,
1 Ei, 1 kräftige Prise Salz,
300 g Mehl,
1 Pck. Backpulver,
200 g gekochter Schinken,
125 g Reibekäse, 1 Eigelb
Milch, Thymian,
Öl für das Backblech

1 Den Quark auspressen und durch ein Sieb in eine Schüssel streichen. Mit Milch, Öl, Ei und Salz verrühren. Das Mehl mit dem Backpulver vermischen, auf den Quark sieben und untermengen.

2 Den Teig 3 mm dick ausrollen. Quadrate von 12x12 cm ausschneiden. Den Schinken würfeln. Reibekäse und Schinkenwürfel auf den Teigvierecken verteilen. Den Teig anschließend aufrollen, zu Hörnchen formen. Eigelb und Milch verquirlen und auf die Hörnchen pinseln. Mit Thymian bestreuen.

3 Ein Backblech ölen, die Schinkenhörnchen auflegen und bei 200 °C etwa 25 Minuten goldgelb backen. Aus dem Ofen nehmen und abkühlen lassen.

Übrigens
Für eine fleischlose Variante ersetzen Sie den Schinken durch Schafskäsewürfel. Für die pikante Note geben Sie zusätzlich etwas frischen Thymian, Petersilie und Majoran auf den Teig. Verwenden Sie stattdessen frische Minze, bekommt das Gebäck eine leicht orientalische Geschmacksnote.

Herzhaftes Gebäck

Käsestangen

Käsewindbeutel

Kräuterhörnchen

Schinkenhörnchen

Speckkuchen
(Ergibt 8 Stück)

500 g Roggenteig
(vom Bäcker),
500 g durchwachsener Speck,
2 Zwiebeln,
2 EL Semmelbrösel,
1 TL gemahlener Kümmel,
Salz, 300 ml saure Sahne,
3 Eier, Öl für das Backblech

1 Ein Backblech ölen. Den Roggenteig ausrollen, auf das Blech legen und einen Rand hochziehen.

2 Den Speck in einer Pfanne kross anbraten, aus der Pfanne heben, abkühlen lassen und auf dem Teigboden verteilen. Zwiebeln schälen und in feine Ringe schneiden. In der Speckpfanne anschwitzen. Semmelbrösel zufügen und kurz durchschwenken. Kümmel einrühren und die Mischung ganz gleichmäßig auf den Teig verteilen. Leicht salzen. Saure Sahne und Eier miteinander verquirlen und über den Kuchen gießen.

3 Den Kuchen im vorgeheizten Backofen bei 200 °C etwa 30 Minuten backen. Herausnehmen und in handliche Portionsstücke schneiden.

Übrigens
Wenn Sie keinen Roggenteig vom Bäcker bekommen, können Sie den Belag auch auf einem einfachen Hefeteig verteilen. Wer Zeit sparen will, verzichtet darauf, Speck und Zwiebeln anzubraten. Statt dessen vor dem Backen 400 ml Schmand und 4 Eier mischen und auf den »rohen« Belag gießen.

Schnittlauchkuchen
(Ergibt 8 Stück)

Für den Teig:
500 g Mehl, 30 g Hefe,
1/4 l Milch, Salz,
100 g Butterflöckchen,
Öl für das Backblech

Für den Belag:
200 g Salami,
150 g Schinkenspeck,
4 Bund Schnittlauch,
3 Eier, Salz,
400 ml saure Sahne

1 Das Mehl in eine Schüssel sieben, in die Mitte eine Vertiefung drücken. Die Hefe in etwas lauwarmer Milch verquirlen und in die Vertiefung gießen. Mit Mehl bestäuben und 30 Minuten gehen lassen. Salz und Butter auf den Mehlrand setzen und alles zu einem glatten Teig verkneten. Restliche Milch einarbeiten. Zugedeckt eine weitere Stunde gehen lassen.

2 Den Teig zusammenschlagen, kräftig durchkneten und ausrollen. Backblech ölen und mit Teig belegen; Rand hochziehen.

3 Schnittlauch waschen und trockentupfen. Salami, Schinkenspeck und Schnittlauch klein schneiden und auf dem Teig verteilen. Die Eier mit einer kräftigen Prise Salz und der sauren Sahne verrühren; über den Belag gießen.

4 Den Kuchen im vorgeheizten Backofen bei 200 °C etwa 45 Minuten backen. Herausnehmen, in mundgerechte Stücke schneiden und auf einer Platte anordnen.

Herzhaftes Gebäck

Zwiebelkuchen
(Ergibt 8 Stück)

Für den Teig:
500 g Mehl,
30 g Hefe,
1/4 l Milch,
1 TL Salz,
80 g Butter, 1 Ei,
Öl für das Backblech

Für den Belag:
250 g durchwachsener Speck,
1 kg Zwiebeln,
3 EL Öl,
400 g Schmand,
4 Eier,
30 g Stärkemehl,
1 EL Kümmel,
Salz, frisch gemahlener schwarzer Pfeffer

1 Mehl in eine Schüssel sieben; in die Mitte eine Mulde drücken. Hefe in etwas lauwarmer Milch auflösen und die Mischung in die Mulde gießen. Zugedeckt 30 Minuten gehen lassen. Salz und Butter in Flöckchen auf das Mehl geben und alles zu einem glatten Teig verkneten. Dabei die restliche Milch und das Ei einarbeiten. Zudecken und an einem warmen Ort nochmals 1 Stunde gehen lassen.

2 Inzwischen den Speck in sehr kleine Würfel schneiden. Die Zwiebeln schälen und in feine Ringe schneiden. In einer Pfanne das Öl erhitzen. Speck und Zwiebeln zufügen und bei kleiner Hitze etwa 5 Minuten dünsten. Auskühlen lassen.

Im Bild:
Speckkuchen (oben),
Zwiebelkuchen (unten).

3 Schmand, Eier, Stärkemehl und Kümmel verrühren. Mit Salz und Pfeffer herzhaft abschmecken.

4 Ein Backblech ölen, den Teig darauf geben und einen Rand hochziehen. Den Teigboden mit der Speck-Zwiebel-Mischung belegen und die Schmandmasse darauf gleichmäßig verteilen.

5 Den Zwiebelkuchen im vorgeheizten Backofen bei 200 °C etwa 45 Minuten backen. Herausnehmen, abkühlen lassen und in mundgerechte Stücke schneiden.

Übrigens
Wer nach einer wohlschmeckenden Alternative zur klassischen Zwiebel-Speck-Mischung sucht, kann den Kuchen mit Äpfeln und Zwiebeln belegen.
Dazu 1 kg säuerliche Äpfel sowie 400 g Zwiebeln schälen und fein würfeln; dabei von den Äpfeln das Kerngehäuse herausschneiden. Mit je 1/2 TL Kümmel und Majoran mischen. Auf den Teig geben und bei 200 °C etwa 35 Minuten backen. Herausnehmen und sofort mit Öl beträufeln.
Aus den salzigen Blechkuchen lassen sich im Handumdrehen leckere Häppchen für den Sektempfang zubereiten. Kuchen nach dem Erkalten in kleine Stücke schneiden. In jedes Stückchen einen Zahnstocher stecken.

Herzhaftes Gebäck

Fisch

Bei einem ausgelassenen Fest im Familienkreis darf der große Braten ebenso wenig fehlen wie Schinken und Fisch. Besonders praktisch ist es natürlich, dass sich all diese Köstlichkeiten gut vorbereiten lassen, so dass man seine Lieben in aller Ruhe begrüßen und gut gelaunt mit ihnen feiern kann. Wer seinen Gästen außer der Extraportion Aufmerksamkeit noch etwas ganz Besonderes bieten will, verwöhnt sie mit Pasteten, Sülzen und Terrinen.

Fleisch, & Terrinen

Krustenbraten
(Ergibt 6 Portionen)

800 g Roastbeef,
Salz, frisch gemahlener schwarzer Pfeffer,
3 fein geschnittene Knoblauchzehen,
200 g geriebene Zwiebeln,
je 1 EL gehackte Petersilie, Thymian, Rosmarin und Oregano,
1 Ei, 50 g Butter,
100 g Semmelbrösel

1 Das Fleisch waschen und trockentupfen. Auf der Fettseite mit einem Messer kreuzweise leicht einschneiden. Auf allen Seiten gleichmäßig mit Salz und Pfeffer einreiben.

2 Mit der Fettseite nach oben auf den Rost legen und in den vorgeheizten Backofen (180° C) schieben. Eine mit etwas heißem Wasser gefüllte Fettpfanne unter den Rost stellen. Das Fleisch 30 Minuten braten. Ab und zu etwas Wasser zugießen.

3 Knoblauch, Zwiebeln, Kräuter, Ei, Butter und Semmelbrösel gründlich miteinander vermischen. Das Fleisch wenden und die Oberseite mit der Zwiebel-Kräuter-Mischung bestreichen. Weitere 10 Minuten braten lassen.

4 Das Roastbeef aus dem Ofen nehmen, auskühlen lassen und in Scheiben schneiden. Auf einer Platte anrichten.

Kräuterschmorbraten
(Ergibt 6 Portionen)

1 kg Rinderbraten (Hohe Rippe),
je 1 EL Thymian, Estragon, Basilikum und Petersilie,
1/8 l leichter Rotwein, Salz, frisch gemahlener schwarzer Pfeffer,
je 1 Zwiebel, Möhre und Petersilienwurzel,
4 EL Sonnenblumenöl,
1/8 l Fleischbrühe

1 Fleisch waschen, trockentupfen und mit Thymian, Estragon, Basilikum und Petersilie einreiben. Das ganze Fleisch in eine Schüssel geben und mit dem Rotwein begießen. Zugedeckt 24 Stunden ziehen lassen, dabei mehrmals wenden.

2 Am nächsten Tag das Fleisch aus der Marinade nehmen, trockentupfen und mit Salz und Pfeffer einreiben. Das Gemüse putzen, waschen und grob zerkleinern.

3 In einem Topf das Öl erhitzen, das Fleisch ringsum anbraten, Wurzelwerk, Brühe und den Rotweinsud zugeben. Alles aufköcheln lassen, zurückschalten und auf kleiner Flamme etwa 90 Minuten schmoren lassen.

4 Das Fleisch aus dem Rotweinsud nehmen, auskühlen lassen und in Scheiben schneiden.

Senfbraten
(Ergibt 6 Portionen)

1,5 kg Schweinerollbraten,
Salz, frisch gemahlener schwarzer Pfeffer,
2 EL mittelscharfer Senf,
40 g Butterschmalz,
4 Zwiebeln,
1 Möhre,
1 Petersilienwurzel,
2 Gewürznelken,
1/8 l Fleischbrühe,
1/4 l Riesling

1 Das Fleisch von allen Seiten mit Salz und Pfeffer würzen und rundum mit Senf bestreichen. Aufrollen und mit Küchengarn zusammenbinden.

2 In einem Topf das Butterschmalz erhitzen, den Rollbraten hineingeben und ringsum scharf anbraten. Die Zwiebeln schälen und in Würfel schneiden. Das Wurzelwerk putzen, waschen und ebenfalls grob zerkleinern.

3 Zwiebeln, Gemüse, Gewürznelken und Brühe zum Fleisch geben. Alles erhitzen und bei geschlossenem Deckel auf kleiner Flamme 30 Minuten köcheln lassen.

4 Den Wein angießen und den Braten weitere 60 Minuten schmoren lassen. Das Fleisch aus dem Sud nehmen, auskühlen lassen und in Scheiben schneiden. Auf einer Platte servieren.

Senfbraten (links oben)
Kräuterschmorbraten (rechts oben)
Krustenbraten (unten)

Große Braten

Deftige Bauernplatte

Deftige Bauernplatte
(Ergibt 12 Portionen)

Je 300 g Rollschinken,
Kochschinken, Kasseler
Rippenspeer,
350 g geräucherte
Leberwurst,
250 g geräucherte Teewurst,
4–5 kleine Knackwürste,
200 g Parmesan,
200 g Schafskäse,
200 g Edelpilzkäse,
200 g Emmentaler,
weiße und blaue Trauben,
Radieschen,
kleine Rettiche, Essig-
gurken, Landbrot

1 Wurst und Schinken aus dem Papier nehmen und auf einer großen Platte dekorativ anordnen. Die Käsesorten auspacken und im Stück dazulegen.

2 Trauben, Radieschen und Rettich gründlich waschen und abtrocknen. Sehr große Gemüse eventuell in Viertel oder Achtel schneiden.

3 Die Bauernplatte mit Trauben, Gemüse und Gurken verzieren. Vom Landbrot einige Scheiben abschneiden und mit dem Laib und einem Brotmesser neben die Platte legen.

Übrigens
Jede Region hat ihre eigenen Wurstspezialitäten. Und die sollten auf solch einer deftig-rustikalen Bauernplatte natürlich nicht fehlen. Tauschen Sie also ruhig einige der im Rezept genannten Würste aus.

Preiselbeerenbirnen
(Ergibt 12 Stück)

6 kleine Birnen,
Saft von 1 Zitrone,
1/8 l Weißwein,
1 EL Zucker, 2 Nelken,
2 EL Preiselbeerkonfitüre,
Schale von 1 unbehandelten Orange

1 Die Birnen schälen, halbieren, vom Kernhaus befreien, mit Zitronensaft beträufeln.

2 Weißwein, Zucker und Nelken erhitzen, die Birnen 5 Minuten köcheln lassen. Herausnehmen und abtropfen lassen.

3 Birnen mit Preiselbeerkonfitüre und Orangenschale dekorieren.

Gefüllte Artischocken
(Ergibt 8 Stück)

8 Artischockenböden (aus der Dose), 1/4 Kopf Eissalat,
3 Äpfel, Saft von 1 Zitrone,
2 Hand voll Walnüsse,
50 cl Majonäse, Kresse

Artischockenböden abbrausen und abtropfen lassen. Eissalat waschen, trockenschleudern und in sehr feine Streifen schneiden. Äpfel schälen, vierteln und das Fruchtgehäuse entfernen. Das Fruchtfleisch quer in sehr schmale Spalten schneiden; sofort mit Zitronensaft beträufeln. Walnüsse hacken. Mit Salatstreifen und Apfelspalten unter die Majonäse heben; auf die Artischockenböden häufen. Mit Kresse garnieren.

Bunte Platten

Bunt gemischte Schinkenplatte

Wurstplatte mit Kapern

Wurstplatte mit Kapern
(Ergibt 12 Portionen)

Je 20 Scheiben Salami,
Cervelatwurst,
Katenrauchwurst und
Rauchfleisch,
eingelegte Kapernäpfel

Die Wurstscheiben dekorativ auf einer Platte anordnen. Kapernäpfel abtropfen lassen, halbieren und die Platte damit hübsch garnieren.

Übrigens
Statt mit Kapern können Sie die Platte auch mit Tomatenrosetten, Maiskölbchen und Gurkenfächern garnieren. Auch knackig gegarter Spargel passt.

Bunt gemischte Schinkenplatte
(Ergibt 12 Portionen)

Je 1 Kopf Lollo rosso und
Lollo biondo,
30 gare, grüne Spargelstangen,
je 8 Scheiben Lachsschinken,
Parmaschinken, gekochter
Vorderschinken und Bündner
Fleisch

Für die Tomatenecken:
16 Kirschtomaten,
300 g Mozzarella,
16 dünne Scheiben Parmaschinken,
Basilikumblättchen

Für die Dattelspieße:
16 Datteln,
16 Mandeln,
16 dünne Scheiben
Schinkenspeck

1 Den Salat waschen, gut abtrocknen und am oberen Rand einer Platte anordnen. Jeweils 3 bis 5 Spargelstangen dazwischen legen. Den Schinken in Scheiben oder zu Tüten gerollt dekorativ auf der Platte anrichten.

2 Für die Tomatenecken die Tomaten waschen und den Stielansatz entfernen. Mozzarella in Würfel von 2 x 2 cm schneiden. Die Käsewürfel auf den Schinkenscheiben verteilen, darauf die Tomaten legen. Mit einem Partyspieß feststecken. Mit Basilikumblättchen garnieren.

3 Für die Dattelspieße die Datteln entkernen. Die Mandeln mit kochendem Wasser überbrühen, häuten und in einer Pfanne ohne Fett rösten. Die Datteln mit den gerösteten Mandeln füllen und in Schinkenspeckscheiben verpacken. Mit Spießchen zusammenhalten.

4 Die Schinkenplatte kurz vor dem Servieren abwechslungsreich mit Tomatenecken und Dattelspießen dekorieren.

Übrigens
Wenn Ihnen Datteln zu süß sind, können Sie die Mandeln auch in große grüne entkernte Oliven stecken und diese mit Schinkenspeck umwickeln. Schneller geht es, wenn Sie bereits gefüllte Oliven kaufen.

Bunte Platten

Gänseleberpastete
(Ergibt 8 Portionen)

1 kg Gänseleber,
2 schwarze Trüffeln,
je 4 EL Madeira und Cognac,
Salz, frisch gemahlener
weißer Pfeffer,
1 Lorbeerblatt,
300 g Schweinefleisch,
200 g Kalbsleber,
50 g Gänseschmalz,
500 g Speck,
1 Bund Petersilie,
1/4 l Schlagsahne

Für den Teig:
500 g Mehl, 10 g Hefe,
4 EL Milch, 3 Eier

Außerdem:
Butter für die Backform,
2 EL Semmelbrösel,
1 Eigelb,
5 Blatt weiße Gelatine,
200 ml Geflügelbrühe,
200 ml Madeira,
1 EL Weinessig

1 Gänseleber und Trüffeln mit Madeira und Cognac begießen, Salz und Pfeffer aufstreuen, das Lorbeerblatt zufügen. Mit Folie abdecken und über Nacht marinieren.

2 Schweinefleisch und Kalbsleber grob zerkleinern. Das Gänseschmalz in einer Pfanne erhitzen, das zerkleinerte Fleisch zugeben, ringsum unter ständigem Wenden anbraten. Das Fleisch darf nicht bräunen. Auskühlen lassen.

3 Das Fleisch, die Gänseleber, 300 g Speck und gewaschene Petersilie durch den Fleischwolf drehen, mit der Sahne verrühren und mit Salz und Pfeffer herzhaft würzen.

4 Für den Teig das Mehl in eine Schüssel sieben und in die Mitte eine Vertiefung drücken. Die Hefe in der Milch glatt rühren, mit den Eiern auf das Mehl geben. Von der Mitte her verkneten. Zugedeckt eine Stunde gehen lassen.

5 Eine Kastenform ausbuttern, mit Semmelbröseln ausstreuen. Die Hälfte des Teiges 1/2 cm dick ausrollen, die Form auslegen.

6 Speck in dünne Scheiben schneiden und auf den Teig geben. Die Hälfte der Fleischmasse einfüllen, die halbierten Trüffeln auflegen, dann die restliche Fleischmasse darauf geben. Den Teigrest ausrollen, auf die Fleischmasse legen.

7 Aus den Teigresten mit Plätzchenformen kleine Figuren ausstechen und auf der Teigdecke anordnen. Die Teigdecke mit verquirltem Eigelb bestreichen. Mehrere Löcher einstechen, damit der Dampf beim Backen abziehen kann. Im vorgeheizten Backofen bei 200 °C 90 Minuten backen. Herausnehmen, auskühlen lassen.

8 Die Gelatine in etwas kaltem Wasser einweichen, ausdrücken und in leicht erhitzter Brühe auflösen. Madeira und Essig einrühren. Kalt stellen. Bevor das Gelee fest wird, durch die Löcher im Teigdeckel an die Pastete gießen. Einige Stunden, noch besser über Nacht, kalt stellen, damit das Madeiragelee völlig erstarrt. Vor dem Servieren in dünne Scheiben schneiden.

Kaninchenpastete
(Ergibt 8 Portionen)

Für den Teig:
500 g Mehl,
40 g Hefe,
1/4 l Milch,
125 g Butter

Für die Füllung:
5 Zwiebeln,
30 g Butterschmalz,
Salz,
2 EL Curry,
150 ml herber Weißwein,
500 g gares Kaninchenfleisch,
250 g Gehacktes vom Schwein,
2 Eier, frisch gemahlener weißer Pfeffer,
etwas scharfer Paprika,
1/2 TL gemahlener Kümmel,
1 EL Tomatenmark,
100 g Semmelbrösel

Außerdem:
2 Eigelb,
Butter für das Backblech

1 Das Mehl in eine Schüssel sieben, in die Mitte eine Vertiefung drücken. Die Hefe in etwas lauwarmer Milch verquirlen und in die Vertiefung gießen. Etwas Mehl darüber stäuben. Zugedeckt 30 Minuten gehen lassen.

2 Mehl, Milch und Hefe zu einem Teig verarbeiten, dabei die Butter in Flöckchen zufügen. Etwa 30 Minuten zugedeckt gehen lassen.

3 Inzwischen die Zwiebeln schälen und in Scheiben schneiden. In einer Pfanne Butterschmalz erhitzen, die Zwiebeln darin glasig dünsten. Mit Salz und Curry würzen. Weißwein angießen. Alles so lange schmoren lassen, bis die Flüssigkeit fast ganz verdampft ist.

4 Das Kaninchenfleisch durch den Fleischwolf drehen und mit dem Schweinehack vermischen. Das Fleisch mit den Zwiebeln, Eiern, Pfeffer, Salz, Paprika, Kümmel, Tomatenmark und Semmelbröseln mischen und kurz durchkneten.

5 Den gegangenen Teig nochmals durchkneten und zu einem Rechteck ausrollen. Die Füllung aufstreichen. An den kurzen Seiten den Teig zuerst etwas nach innen einschlagen und anschließend von der Längsseite her aufrollen. Zu einem Horn formen.

6 Die Pastete mit verquirltem Eigelb bestreichen. Auf ein gebuttertes Backblech geben und im vorgeheizten Backofen bei 200 °C etwa 60 Minuten goldgelb backen.

Übrigens
Pasteten schmecken nicht nur auf dem Büfett. Man kann sie als Vorspeise servieren, zusammen mit einem grünen Salat als leichtes Abendessen genießen und beim Picknick sind sie einfach unschlagbar. Servieren Sie dazu einige Scheiben knuspriges Baguette. Egal zu welchem Anlass man sich den Genuss einer Pastete gönnt: Das passende Getränk ist ein kräftiger Rotwein, etwa ein spanischer Rioja oder italienischer Barolo.

Gänseleberpastete

Kaninchenpastete

Deftige Pastete

Wildterrine

Deftige Pastete
(Ergibt 8 Portionen)

Für den Teig:
250 g Mehl,
1 gestr. TL Backpulver,
100 g Butter,
1 Ei, Salz

Für die Füllung:
2 Zwiebeln,
1 Knoblauchzehe,
30 g Butterschmalz,
8 Tomaten,
Salz,
500 gekochter Schinken,
1 EL gehackte Kräuter (Petersilie, Schnittlauch, Dill),
1/2 TL Thymian,
frisch gemahlener schwarzer Pfeffer,
50 g Semmelbrösel

Außerdem:
Eigelb, Butter für das Blech

1 Mehl, Backpulver, Butter, Ei und Salz zu einem glatten Teig kneten. 2 Stunden kühl stellen.

2 Zwiebeln und Knoblauch schälen und fein hacken. In einer Pfanne Butterschmalz erhitzen, die Zwiebeln hineingeben und kurz andünsten. Tomaten und Knoblauch zugeben. 5 Minuten köcheln lassen. Salzen; auskühlen lassen.

3 Schinken würfeln und mit dem Tomatengemisch, den Kräutern, Gewürzen und Semmelbröseln vermischen.

4 Den Teig 3 mm dick ausrollen und in etwa 15x15 cm große Quadrate schneiden. Auf jedes Quadrat etwas von der Füllung geben. Die Ränder fest zusammendrücken. Mit Eigelb bestreichen.

5 Ein Backblech buttern, die Pasteten darauf setzen und im vorgeheizten Backofen bei 200 °C etwa 40 Minuten backen.

Übrigens
Zu solch einer deftigen Pastete schmeckt eine kleine Auswahl von sauer oder süß-sauer eingelegtem Gemüse. Im Kapitel »Cocktails, Salate & Gemüse« finden Sie viele saure Klassiker wie Senfbirnen und saure Gurken, aber auch mediterrane Spezialitäten, etwa mit Zucchini oder Champignons.

Wildterrine
(Ergibt 8 Portionen)

1 kg Wildgulasch,
80 g Butterschmalz,
Salz, Pfeffer,
300 g Schweinebauch (ohne Schwarte),
1/16 l Rotwein,
1/4 l Schlagsahne,
250 g gare Waldpilze,
1/2 TL abgeriebene, unbehandelte Orangenschale,
10 Wacholderbeeren,
125 g gehackte Haselnüsse,
350 g Geflügelleber

1 Fleisch waschen, trockentupfen und in 50 g Butterschmalz anbraten; salzen und pfeffern. Mit dem Schweinebauch durch den Fleischwolf drehen; Rotwein und Schlagsahne unterrühren.

Pasteten & Terrinen

Pastete mit Kruste

2 Pilze klein schneiden. Mit Salz, Pfeffer, Orangenschale, zerdrückten Wacholderbeeren und Haselnüssen unter das Fleisch mischen. Geflügelleber im restlichen Butterschmalz leicht anbraten; salzen und pfeffern.

3 In eine Terrinenform die Hälfte der Fleischmasse einfüllen, darauf die ausgekühlte Leber verteilen, die restliche Fleischmasse obenauf geben. Deckel aufsetzen und die Form in die Grillpfanne stellen. Warmes Wasser zugießen. Im vorgeheizten Backofen bei 180 °C etwa 2 Stunden garen. Vor dem Servieren die Form in heißes Wasser tauchen und die Terrine stürzen.

Pastete mit Kruste
(Ergibt 8 Portionen)

Für den Teig:
500 g Mehl, 250 g Butter, Salz, 2 Eier

Für die Füllung:
1 Brötchen, 700 g Kaninchenfleisch ohne Knochen,
200 g Schweinebauch,
125 g Kaninchenleber,
100 g Räucherspeck,
2 Zwiebeln,
2 Knoblauchzehen,
2 EL fein gewiegte Petersilie,
1 Ei, Salz, Pfeffer,
Pastetengewürz, 2 EL Cognac,
4 kleine, fein geschnittene Champignons

Außerdem:
Butter für die Form, 1 Eigelb,
6 EL Johannisbeergelee,
4 EL Madeira

1 Das Mehl in eine Schüssel sieben und in die Mitte eine Vertiefung drücken. Die Butter in Flöckchen, Salz, Eier und 2 EL Wasser in die Vertiefung geben. Von der Mitte her rasch verkneten und mindestens 2 Stunden, besser über Nacht, in den Kühlschrank stellen.

2 Brötchen in Wasser einweichen. Kaninchenfleisch, Schweinebauch, Kaninchenleber und Speck durch den Fleischwolf drehen und in eine Schüssel geben. Zwiebeln und Knoblauchzehen schälen und fein hacken. Mit Petersilie, ausgedrücktem Brötchen, Ei, Salz, Pfeffer, Pastetengewürz, Cognac und feingeschnittenen Champignons zum Fleisch geben und gut vermischen.

3 Zwei Drittel des Teiges 5 mm dick ausrollen. Eine Kastenform ausbuttern, die ausgerollte Teigplatte hineingeben und einen Rand hochziehen. Die Fleischmasse darauf verteilen. Den restlichen Teig ausrollen und auf die Fleischmasse legen. Mit Teigresten verzieren und mit Eigelb bepinseln. Mehrere Löcher einstechen.

4 Im vorgeheizten Ofen bei 200 °C 70 Minuten backen. Herausnehmen. Johannisbeergelee und Madeira verrühren und in die Teigöffnung gießen. Kalt stellen, damit das Gelee erstarren kann. In Scheiben schneiden und servieren.

Pasteten & Terrinen

Kaninchensülze

Geflügelsülze

Kaninchensülze
(Ergibt 8 Portionen)

Je 1 Möhre, Sellerie und
Petersilienwurzel,
2 Zwiebeln,
4 Kaninchenkeulen,
1 TL Thymian,
4 Pimentkörner,
1 Lorbeerblatt,
je 8 Wacholderbeeren und
Pfefferkörner,
1/2 l Rotwein,
1/8 l Weinessig,
1/2 l Fleischbrühe,
Salz,
40 g Butterschmalz,
4 kleine Gewürzgurken,
200 g marinierte Champignons,
3 EL getrocknete Steinpilze,
10 Blatt weiße Gelatine,
1/4 l Madeira

Außerdem:
1 grüne Gurke,
5 gekochte Wachteleier,
blanchierte Gemüsekugeln
von Möhren, Kohlrabi und
Zucchini, Dill

1 Möhre, Sellerie und
Petersilienwurzel putzen, waschen und klein
schneiden. Die Zwiebeln
schälen und in Scheiben
schneiden. Die Kaninchenkeulen waschen und in eine
Schüssel legen. Thymian,
Pimentkörner, Lorbeerblatt,
Wacholderbeeren, Pfefferkörner, Gemüse und Zwiebelscheiben dazu geben.
Rotwein, Essig und Fleischbrühe darüber gießen. Zugedeckt über Nacht an
einem kühlen Platz durchziehen lassen. Die Kaninchenkeulen dabei ab und zu
wenden.

2 Das Fleisch aus der
Marinade nehmen,
trockentupfen und mit Salz

einreiben. In einem Bräter
das Butterschmalz erhitzen,
die Keulen hineingeben und
auf beiden Seiten anbraten.
Die Rotweinbeize mit dem
Gemüse und den Gewürzen
dazugeben, erhitzen und
alles 1 Stunde köcheln lassen. Die Keulen herausnehmen und auskühlen lassen.
Den Sud durch ein feines
Sieb gießen.

3 Die Gurken und die
Champignons in Scheiben schneiden. Die Steinpilze und die Gelatine
getrennt in kaltem Wasser
einweichen. Das Fleisch von
den Knochen lösen und in
Würfel schneiden. Mit den
Gurken- und Champignonscheiben in eine Form
mit 1 l Inhalt füllen. Die
Steinpilze ausdrücken,
dazugeben, das Einweichwasser und die Gelatine
zum Sud geben. Madeira
zufügen. Gut verrühren
und in die Form gießen.
Im Kühlschrank erstarren
lassen.

4 Vor dem Servieren, die
Form kurz in heißes
Wasser tauchen; mit einem
Messer vorsichtig die Sülze
vom Rand der Form lösen
und auf eine Platte stürzen.
Für die Dekoration die
Gurke waschen und in
Scheiben schneiden. Die
Wachteleier halbieren und
auf die Gurkenscheiben
legen. Die Sülze mit den
Gurken, Gemüsekugeln und
Dill garnieren.

Übrigens
Wie zu allen Wildterrinen
und -sülzen schmeckt dazu
besonders gut der Preiselbeer-Dip von Seite 62.

Geflügelsülze
(Ergibt 8 Portionen)

1 küchenfertiges Hähnchen
(etwa 1 kg),
2 Möhren, 1 Zwiebel,
50 g Sellerieknolle,
Salz,
10 Blatt weiße Gelatine,
1/4 l Orangensaft,
Zucker, Salz,
frisch gemahlener weißer
Pfeffer,
3 unbehandelte Orangen,
1 Kiwi

Außerdem:
Orangenscheiben,
Salbeiblätter

1 Das Hähnchen waschen
und trockentupfen. Das
Gemüse putzen, grob zerkleinern und mit dem
Hähnchen in einen Topf
geben. 2 l Wasser zugießen,
etwas Salz zufügen und
alles zum Kochen bringen.
Nach dem ersten Aufkochen
mit einer Kelle den Schaum
von der Oberfläche schöpfen. Das Hähnchen etwa
50 Minuten im leicht köchelnden Wasser garen.

2 Die Gelatine in kaltem
Wasser einweichen.
Das Hähnchen aus der
Brühe nehmen, das Fleisch
von den Knochen lösen und
in kleine Stücke schneiden;
dabei die Haut entfernen.
Die Brühe durch ein feines
Sieb gießen, auskühlen lassen und entfetten.

3 1/2 l der entfetteten
Brühe etwas erwärmen.
Die Gelatine ausdrücken, in
die erwärmte Brühe geben
und rühren, bis sie sich aufgelöst hat. Den Orangensaft
zugießen, mit Zucker, Salz
und Pfeffer abschmecken.

4 In eine Pastetenform
von 1 l Inhalt eine
dünne Schicht Brühe gießen
und im Kühlschrank fest
werden lassen.

5 Die Orangen heiß
abwaschen, dünn
schälen, die Schale beiseite
legen. Von den Orangen die
weiße Haut entfernen, die
Filets aus den Trennhäuten
herauslösen und halbieren.
Die Kiwi schälen und in
Scheiben schneiden.

6 Den Aspikspiegel mit
Kiwis und einigen
Orangenfilets belegen,
Fleischstücke und die restlichen Orangenfilets darauf
anordnen, die restliche
Brühe darüber gießen. Die
Form kalt stellen, damit die
Sülze fest wird. Vor dem
Servieren die Form kurz in
heißes Wasser tauchen, mit
einem Messer zwischen
Form und Sülze fahren und
diese vorsichtig vom Rand
lösen; auf eine runde Platte
stürzen.

7 Die zur Seite gelegte
Orangenschale in feine
Streifen schneiden. Die
Sülze dekorativ mit Orangenscheiben sowie Salbeiblättern garnieren.

Übrigens
Zum Portionieren von zarten Sülzen benutzt man
am besten ein scharfes
Küchen- oder Elektromesser. Nur so werden die
Zutaten beim Schneiden
nicht zerquetscht.

Herrliche Sülzen

Krabbenei

Eier mit Kräutersahne

8 Eier, 8 EL saure Sahne,
3 EL fein gewiegte Kräuter,
1 TL Senf,
2 TL Zitronensaft,
Salz, frisch gemahlener weißer Pfeffer,
Paprika oder Möhre

Die Eier 8 bis 10 Minuten kochen, kalt abschrecken, abpellen und der Länge nach halbieren. An den Rundungen jeweils etwas Eiweiß abschneiden, damit die Eihälften einen festen Stand haben. Das Eigelb herausnehmen, zerdrücken und mit saurer Sahne, Kräutern, Senf und Zitronensaft vermischen. Mit Salz und Pfeffer abschmecken. Die Masse in einen Spritzbeutel mit Sterntülle füllen und die Eihälften damit füllen. Mit Paprika- oder Möhrenwürfelchen verzieren.

Ei mit Meerrettichfüllung

Jedes Rezept ergibt 16 Stück.

Kaviareier

8 Eier,
8 TL echter Kaviar

Die Eier 8 bis 10 Minuten kochen, kalt abschrecken, abpellen und der Länge nach halbieren. An den Rundungen jeweils etwas Eiweiß abschneiden, damit die Eihälften einen festen Stand haben. Das Eigelb mit Kaviar belegen.

Krabbeneier

8 Eier, 3 EL Majonäse,
Salz, frisch gemahlener weißer Pfeffer,
48 Krabben, Dill

Die Eier 8 bis 10 Minuten kochen, kalt abschrecken, abpellen und der Länge nach halbieren. An den Rundungen jeweils etwas Eiweiß abschneiden, damit die Eihälften einen festen Stand haben. Das Eigelb herausnehmen und zerdrücken. Mit der Majonäse verrühren, salzen und pfeffern. Die Eihälften damit füllen und mit Krabben und Dill dekorieren.

Schinkeneier

8 Eier,
125 g gekochter Schinken,
2 saure Gurken,
4 EL Majonäse,
Kresseblättchen

Die Eier 8 bis 10 Minuten kochen, kalt abschrecken, abpellen und der Länge nach halbieren. An den Rundungen jeweils etwas Eiweiß abschneiden, damit die Eihälften einen festen Stand haben. Das Eigelb herausnehmen und zerdrücken. Schinken und Gurken in kleine Würfel schneiden und mit der Majonäse unter das Eigelb mischen. Die Eihälften füllen, Kresse aufstreuen.

Lachseier

8 Eier, 50 g Butter,
1 EL Zitronensaft,
100 g Räucherlachs, Salz,
frisch gemahlener weißer Pfeffer,
Dillspitzen

Die Eier 8 bis 10 Minuten kochen, kalt abschrecken, abpellen und der Länge nach halbieren. An den Rundungen jeweils etwas Eiweiß abschneiden, damit die Eihälften einen festen Stand haben. Das Eigelb herausnehmen und zerdrücken. Mit der Butter und dem Zitronensaft vermischen. Den Räucherlachs fein schneiden und ebenfalls untermischen. Mit Salz und Pfeffer fein würzig abschmecken. Die Eihälften damit füllen, mit Dillspitzen garnieren.

Ei mit pikanter Füllung

Kaviarei
Schinkenei
Ei mit Sardellen

Eier mit pikanter Füllung

8 Eier,
2 EL Tomatenmark,
Salz, frisch gemahlener weißer Pfeffer,
4 EL steif geschlagene Sahne,
gare Spargelspitzen

Die Eier 8 bis 10 Minuten kochen, kalt abschrecken, abpellen und der Länge nach halbieren. An den Rundungen jeweils etwas Eiweiß abschneiden, damit die Eihälften einen festen Stand haben. Das Eigelb herausnehmen, zerdrücken und mit dem Tomatenmark verrühren; mit Salz und Pfeffer abschmecken und die Sahne unterziehen. In einen Spritzbeutel mit großer Sterntülle füllen, die Eihälften mit der Masse füllen und mit jeweils 1 bis 2 Spargelspitzen dekorieren.

Eier mit Sardellen

8 Eier, 4 Anchovisfilets,
3 EL Majonäse,
eingelegte Kapern

Die Eier 8 bis 10 Minuten kochen, kalt abschrecken, abpellen und der Länge nach halbieren. An den Rundungen jeweils etwas Eiweiß abschneiden, damit die Eihälften einen festen Stand haben. Das Eigelb herausnehmen und zerdrücken. Die Anchovis fein wiegen und mit der Majonäse unter das Eigelb mischen. Die Eihälften füllen und mit Kapern garnieren.

Lachsei

Tatareier

8 Eier, 1 Zwiebel,
1 Gewürzgurke,
2 EL fein gewiegte Kräuter,
2 TL mittelscharfer Senf,
250 g Tatar, Salz, frisch gemahlener schwarzer Pfeffer,
8 mit Paprika gefüllte Oliven,
Petersilie, Majoranblüten

Die Eier 8 bis 10 Minuten kochen, kalt abschrecken, abpellen und der Länge nach halbieren. An den Rundungen jeweils etwas Eiweiß abschneiden, damit die Eihälften einen festen Stand haben. Das Eigelb herausnehmen, zerdrücken und in eine Schüssel füllen. Die Zwiebel schälen und fein schneiden. Die Gurke in kleine Würfel schneiden. Zwiebel, Gurke, Kräuter, Senf und Tatar mit dem Eigelb vermengen, mit Salz und Pfeffer abschmecken und auf den Eihälften verteilen. Mit halbierten Oliven, Kräutern und Majoranblüten dekorieren. Nach Belieben Gurkenfächer an die Eier legen.

Eier mit Meerrettichfüllung

8 Eier, 100 g Quark,
1 EL frisch geriebener Meerrettich,
2 TL Zitronensaft,
3 EL steif geschlagene Sahne,
Borretschblüten oder Kressesträußchen

Die Eier 8 bis 10 Minuten kochen, kalt abschrecken, abpellen und der Länge nach halbieren. An den Rundungen jeweils etwas Eiweiß abschneiden, damit die Eihälften einen festen Stand haben. Quark, Meerrettich und Zitronensaft verrühren und die Sahne unterziehen. Die Masse in einen Spritzbeutel mit Sterntülle füllen und die Eihälften damit bespritzen. Mit frischen Borretschblüten oder Kressesträußchen dekorieren.

Eier mit Salami

8 Eier, 100 g Salami,
8 Oliven,
2 EL Majonäse, Salz,
Schnittlauchröllchen

Die Eier 8 bis 10 Minuten kochen, kalt abschrecken, abpellen und der Länge nach halbieren. An den Rundungen jeweils etwas Eiweiß abschneiden, damit die Eihälften einen festen Stand haben. Das Eigelb herausnehmen und zerdrücken. Salami und Oliven sehr fein schneiden und mit der Majonäse unter das Eigelb mischen. Mit Salz abschmecken. Die Eihälften füllen und mit Schnittlauchröllchen dekorieren.

Übrigens

Eihälften kann man auf einem Sockel von Salatgurken, auf Salatblättern oder Kressenestern anrichten. Radieschenröschen oder Tomatenachtel bilden bunte Farbtupfer. Sehr dekorativ wirkt eine Eierplatte auch, wenn die Eihälften streng in Reih und Glied aneinandergereiht werden und die Platte mit frisch gepflückten goldgelben Chrysanthemenblüten oder Kapuzinerkresseblüten dekoriert wird.

Ei mit Kräutersahne

Ei mit Salami

Bunte Eiervielfalt

Fischplatte
(Ergibt 8 Portionen)

Für die Krebse mit Orangen:
Salz, 8 gekochte Flusskrebse
(etwa 800 g),
4 Äpfel, 1/4 l Weißwein,
2 EL Zitronensaft,
200 g Orangenbutter
(Rezept S. 76),
50 g Doppelrahmfrischkäse,
16 Orangenfilets, Dillzweige

Für die Garnelenspieße:
24 Riesengarnelen,
Olivenöl, Salz, Cayennepfeffer

Außerdem:
250 g Möhren,
Salz, frisch gemahlener
weißer Pfeffer,
Thymian,
2 Zucchiniblüten,
fein geschnittene Orangenscheiben

1 Von den bereits gegar-
ten Krebsen die Sche-
ren abbrechen, aufbrechen
und das Fleisch auslösen.
Den Schwanz vom Körper
brechen und mit einem spitzen Messer vorsichtig die
Därme herausziehen. Das
Fleisch auslösen.

2 Die Äpfel schälen, hal-
bieren, vom Kernhaus
befreien, etwas aushöhlen
und in einen Topf geben;
Weißwein und Zitronensaft
zufügen, erhitzen und 2 Minuten köcheln lassen. Die
Apfelhälften herausneh-
men, abtropfen und aus-
kühlen lassen.

3 Die Orangenbutter
schaumig schlagen.
Den Doppelrahmfrischkäse
glatt rühren und unter die
Orangenbutter ziehen. Die
Apfelhälften damit füllen
und mit Scherenfleisch,

Krebsschwänzen, Orangen-
filets und Dillzweigen garnieren.

4 Für die Garnelenspieße
die Garnelen kurz
abspülen und sorgfältig
trockentupfen. In einer
Pfanne das Öl erhitzen, die
Garnelen hineingeben und
knusprig braten. Heraus-
nehmen, abtropfen lassen,
mit Salz und Cayennepfef-
fer würzen und jeweils
3 Garnelen auf einen kleinen Spieß stecken.

5 Für die Dekoration
die Möhren putzen,
waschen, in feine Streifen
schneiden und in Salzwas-
ser zum Kochen bringen.
2 bis 3 Minuten köcheln
lassen, abgießen; mit Pfeffer
und Thymian würzen. Die
Zucchiniblüten gut aus-
schütteln und mit den lauwarmen Möhren füllen.

6 Die Apfelhälften mit
den Flusskrebsen und
die Garnelenspieße auf
einer Platte anrichten und
ringsum mit fein geschnittenen Orangenscheiben und
gefüllten Zucchiniblüten
garnieren.

Übrigens
Fischkauf ist Vertrauenssa-
che. In jeder Stadt gibt es
Fischhändler, die äußersten
Wert auf frische Ware legen
und die ein ausgewähltes
Sortiment von Frisch- und
Räucherfisch anbieten.
Frischen Fisch sollten Sie
möglichst noch am Kauftag
zubereiten und nur in Not-
fällen 1 Tag im Kühlschrank
aufbewahren. Räucherfisch
hält sich etwas länger: etwa
3 bis 5 Tage.

Räucherfischplatte
(Ergibt 8 Portionen)

2 Blatt weiße Gelatine,
200 g geräucherter Stör,
1/2 l Schlagsahne,
7 EL Meerrettich,
Salz, Pfeffer,
12 kleine Blätterteigpasteten
(Fertigprodukt),
2 EL Zitronensaft,
1/2 TL Zucker,
12 Scheiben Räucherlachs,
6 frisch geräucherte
Forellenfilets,
250 g geräucheter Karpfen,
250 g geräucherter Heilbutt,
250 g Schillerlocken,
1 unbehandelte Zitrone,
Dill

1 Die Gelatine in kaltem
Wasser einweichen, aus-
drücken und in wenig
heißem Wasser auflösen.
Den geräucherten Stör mit 3
EL Sahne pürieren. 1 knap-
pen EL Meerrettich sowie
die gelöste Gelatine zufügen
und mit Salz und Pfeffer
abschmecken. Die Masse im
Kühlschrank kalt stellen.
Sobald die Masse zu stocken
beginnt, 200 ml Sahne steif
schlagen und unterziehen.
Die Blätterteigpasteten mit
der Fischmasse füllen. Bis
zum Servieren kalt stellen.

2 4 EL Meerrettich mit
Zitronensaft, Salz und
Zucker verrühren. Die rest-
liche Schlagsahne steif
schlagen und unterheben.
Die Lachsscheiben zu Tüt-
chen formen und mit der
Meerrettichsahne füllen.

3 Forellenfilets, Karpfen,
Heilbutt und Schiller-
locken in 5 cm große Stücke
schneiden. Die Zitrone in
dünne Scheiben schneiden,
diese vierteln und die Forel-

lefilets garnieren. Karpfenstücke mit dem restlichen
Meerrettich dekorieren.

4 Die Räucherfischpaste-
ten in die Mitte einer
großen Platte setzen. Rundum erst die Lachstüten,
dann die Räucherfischhap-
pen anordnen. Mit Dill
dekorieren.

Übrigens
Besonders hübsch sehen
Räucherfischplatten aus,
wenn einzelne Fische mit
Weißweingelee überzogen
werden. Das Fleisch glänzt
dann wunderschön und
schmeckt leicht säuerlich.

Weißweingelee
(Ergibt etwa 1/4 l)

4 Blatt weiße Gelatine,
je 1/8 l Fischfond und
Weißwein,
1/2 Zwiebel,
5 weiße Pfefferkörner,
1 Lorbeerblatt, Salz

Gelatine in etwas kaltem
Wasser einweichen. Fisch-
fond und Weißwein erhit-
zen. Zwiebel fein würfeln
und mit den Pfefferkörnern
sowie dem Lorbeerblatt in
den Sud geben. Leicht salzen. 5 Minuten köcheln
lassen, dann vom Herd nehmen und auf Körperwärme
abkühlen lassen. Ein feines
Sieb mit Nessel ausschlagen
und den Sud filtern. Er muss
vollkommen klar sein. Die
Gelatine ausdrücken und im
noch lauwarmen Sud auf-
lösen. In den Kühlschrank
stellen. Ist das Gelee gerade
noch flüssig, wird der Räucherfisch gleichmäßig überzogen. Im Kühlschrank
erstarren lassen.

Große Fischplatten

Fischplatte

Heringsplatte
(Ergibt 8 Portionen)

Für den Fisch:
8 küchenfertige Heringe,
1 Bund Dill, 2 EL Mehl,
100 g Semmelbrösel,
1/2 TL Salz, Öl

Für die Marinade:
4 Zwiebeln,
1/4 l Weinessig,
1 EL Salz, 4 EL Zucker,
10 Korianderkörner,
6 Pfefferkörner

Außerdem:
5 Blatt weiße Gelatine,
8 fest kochende Kartoffeln,
4 Äpfel, 1/2 Zitrone,
1 EL frischer, geriebener Meerrettich,
200 ml Schlagsahne,
Schnittlauchröllchen

1 Die Heringe waschen und trockentupfen. Den Dill waschen, zerkleinern und auf den Innenseiten der Fische verteilen. Mehl, Semmelbrösel und Salz vermischen, die Heringe darin wenden. Die Heringe in Öl knusprig braten. Völlig auskühlen lassen.

2 Zwiebeln schälen und in Scheiben schneiden. 1/4 l Wasser mit Essig, Zwiebelscheiben, Salz und Zucker erhitzen, kurz aufkochen und anschließend gut abkühlen lassen.

3 Bratheringe und zerdrückte Gewürzkörner mit Zwiebelmarinade begießen und zugedeckt an einem kühlen Platz 1 bis 2 Tage ziehen lassen.

4 Gelatine in kaltem Wasser einweichen. Kartoffeln in Salzwasser garen, abgießen, auskühlen lassen, halbieren und etwas aushöhlen. Die Äpfel schälen, erst in Viertel, dann in Würfel schneiden; dabei das Kerngehäuse entfernen. Apfelwürfel mit 5 EL Wasser und Zitronensaft 5 Minuten köcheln lassen und pürieren. Meerrettich zufügen.

5 Die Gelatine ausdrücken und in der Apfelmasse auflösen. Kalt stellen. Die Schlagsahne steif schlagen und unterheben. In einen Spritzbeutel mit Sterntülle füllen und die Kartoffelhälften mit der Apfelsahne bespritzen. Mit Schnittlauchröllchen dekorieren. Mit Heringen servieren.

Sardellenspieße
(Ergibt 8 Portionen)

300 g Sardellenfilets,
350 g Mozzarella,
300 g grüne, entsteinte Oliven

1 Die Sardellenfilets 2 Minuten in kaltes Wasser legen, damit sie weniger salzig schmecken. Herausnehmen und gründlich trockentupfen.

2 Den Käse in 1 cm große Würfel schneiden. Die Oliven mit Sardellen umwickeln und abwechselnd mit den Käsewürfeln auf Spieße stecken.

3 Die Oliven-Käse-Spieße auf einem kleinen Teller anrichten.

Große Fischplatten

Große Lachsplatte

Große Lachsplatte
(Ergibt 16 Portionen)

Für die Lachsröllchen:
3 EL Meerrettich,
1 Prise Zucker,
1 TL Zitronensaft,
1/2 TL abgeriebene, unbehandelte Orangenschale,
frisch gemahlener weißer Pfeffer, 1/4 l Schlagsahne,
16 Scheiben Räucherlachs

Für das Lachstatar:
600 g Lachsfilet,
Salz, frisch gemahlener weißer Pfeffer,
2 TL fein gewiegte Schalotten,
2 TL mittelscharfer Senf,
1/2 TL abgeriebene, unbehandelte Zitronenschale,
1 EL fein gewiegter Dill,
2 EL Öl,
8 dicke Gurkenscheiben,
Dillzweige

Für die Lachskuchen:
2 Eier, 200 ml Milch,
3 EL Mehl, Salz,
60 g Butter,
150 g Doppelrahmfrischkäse,
1 Bund Dill,
15 Lachsscheiben,

Außerdem:
8 Stück Räucheraal (à 100 g),
4 Schillerlocken (300 g),
8 große, weiße Champignons,
Avocado,
Zitronensaft

1 Für die Lachsröllchen den Meerrettich mit Zucker, Zitronensaft, Orangenschale und Pfeffer vermischen. Die Sahne steif schlagen und unterziehen. Auf den Räucherlachsscheiben verteilen. In Lachsscheiben aufrollen und auf einer Platte anordnen.

2 Für das Lachstatar das Filet in kleine Würfel schneiden und in eine Schüssel füllen. Salz, Pfeffer, Schalotten, Senf, Zitronenschale, Dill und Öl zufügen und alles vermischen. Mit zwei Esslöffeln Nocken abstechen und auf den Gurkenscheiben anordnen, mit Dillzweigen garnieren.

3 Für die Lachskuchen die Eier mit Milch, Mehl und Salz verquirlen und 10 Minuten quellen lassen. Butter erhitzen und nacheinander 3 Eierkuchen backen. Auskühlen lassen. Die ausgekühlten Eierkuchen mit Frischkäse bestreichen, reichlich Dillspitzen darüber streuen und jeweils 5 Lachsscheiben auflegen. Aufrollen, in Folie verpacken und 2 Stunden in den Kühlschrank stellen. Anschließend in etwa 3 cm dicke Scheiben schneiden.

4 Gurkenscheiben mit Lachstatar und die Lachskuchenscheiben auf die Platte mit den Lachsröllchen legen. Räucheraal und Schillerlocken in Stücke schneiden und auf der Platte verteilen. Mit fein geschnittenen Champignons und mit in Zitronensaft marinierten Avocadospalten garnieren.

Übrigens
Rühren Sie ruhig etwas mehr Meerrettichsahne an. Sie schmeckt auch zu Räucherfischen und zu frischem Brot.

Große Fischplatten

Fischsülze

Lachsforellen-Terrine

Lachsforellenterrine
(Ergibt 8 Portionen)

Für die Forellenfarce:
500 g frisches Lachsforellenfilet,
300 g Crème fraîche,
1 Ei, Salz,
frisch gemahlener weißer Pfeffer,
5 Tropfen Tabascosauce

Für die Zanderfarce:
250 g frisches Zanderfilet,
150 g Crème fraîche,
1 Ei, Salz, frisch gemahlener weißer Pfeffer,
3 Tropfen Tabascosauce

Für die Füllung:
4 Karotten,
100 g grüner Spargel,
50 g frische Morcheln

Außerdem:
Butter für die Form,
2 Tomaten,
Gurkenscheiben, Dill

1 Das Forellenfilet waschen, trockentupfen, durch die feine Scheibe des Fleischwolfs drehen und im Mixer zerkleinern. Dabei Crème fraîche, Ei und Gewürze zugeben. Die Farce durch ein feines Sieb streichen. Die Zanderfarce wie die Lachsfarce zubereiten.

2 Karotten und Spargel putzen, waschen, zerkleinern und blanchieren. Die Morcheln waschen und mit Zanderfarce füllen.

3 Eine Pastetenform einbuttern und mit Alufolie auslegen. Die Folie ebenfalls einbuttern. Einen Teil der Zanderfarce in die Form füllen, die Hälfte der Karotten und des Spargels darauf anordnen und mit weiterer Zanderfarce bedecken. Die gefüllten Morcheln darauf geben und wiederum mit Farce bedecken. Das restliche Gemüse auflegen und die restliche Zanderfarce einfüllen; glatt streichen.

4 Die Terrine im Wasserbad im vorgeheizten Backofen bei 80 °C 30 Minuten garen. Abkühlen lassen und aus der Form nehmen.

5 Eine größere Pastetenform ausbuttern und mit Alufolie auslegen. Die Folie ebenfalls buttern. Die Hälfte der Lachsfarce einfüllen, die Zanderterrine hineinsetzen und darüber die restliche Lachsfarce streichen. Die Pastete bei 80 °C im Wasserbad 30 Minuten garen. Auskühlen lassen, stürzen und in Scheiben schneiden.

6 Die Terrine mit Tomaten, Gurkenscheiben und Dillsträußchen hübsch dekorieren.

Übrigens
Die Fischterrine schmeckt besonders gut, wenn Sie dazu eine Vinaigrette aus Weinessig, Öl, Salz, Pfeffer, scharfem Senf und fein gehackten Kräutern reichen. Ebenso gut passt aber auch ein sanfter Apfel-Meerrettich-Schaum. Schlagen Sie dazu 150 g Vollmilchjogurt mit 1 Eiweiß und etwas Salz im heißen Wasserbad schaumig. 2 EL frisch geriebenen Meerrettich sowie 1/2 geriebenen Apfel unterziehen. Abschmecken und eventuell nochmals leicht salzen; mit weißem Pfeffer herzhaft würzen.

Fischsülze
(Ergibt 8 Portionen)

9 Blatt weiße Gelatine,
1 Zwiebel, 2 Möhren,
50 g Sellerieknolle,
3/4 l Fischfond (Fertigware),
1 Lorbeerblatt, Salz, frisch gemahlener weißer Pfeffer,
500 g Karpfenfilet,
einige gare Möhrenscheiben und Erbsen, Dillzweige,
Weinessig, Öl, Kresseblättchen

1 Die Gelatine in kaltem Wasser einweichen. Zwiebel, Möhren und Sellerie putzen und grob zerkleinern. Den Fischfond mit dem Gemüse in einen Topf geben; Lorbeerblatt, Salz und Pfeffer zufügen. Alles zum Kochen bringen und auf kleiner Flamme 5 Minuten köcheln lassen.

2 Das Karpfenfilet zerkleinern, zum Fond geben und weitere 5 Minuten köcheln lassen. Die Karpfenstücke herausnehmen und abtropfen lassen. Den Sud durch ein Sieb gießen, etwas auskühlen lassen und die ausgedrückte Gelatine darin auflösen.

3 In eine Terrinenform etwas gelierten Sud gießen und einige Möhrenscheiben, Erbsen, Dill und Karpfenstücke darauf geben. Erstarren lassen. Den Vorgang wiederholen, bis alle Zutaten aufgebraucht sind. Den restlichen Fond aufgießen. Über Nacht kalt stellen.

4 Vor dem Servieren die Sülze aus der Form stürzen. Zusammen mit einer Vinaigrette aus Weinessig, Öl und Kresseblättchen servieren.

Terrine & Sülze vom Fisch

Cocktails, Salate

& Gemüse

Wer eine Gartenparty plant, serviert seinen Gästen eine reiche Auswahl an Salaten und eingelegtem Gemüse. Schließlich kommt erst beim Genuss der knackig-frischen Spezialitäten das richtige Sommerfeeling auf. Nicht weniger köstlich und ebenso leicht sind klassische Cocktails aus Früchten, Gemüse und Geflügelfleisch. Fragt sich nur, warum man bei Winterpartys auf diese Leckereien verzichten sollte?

Hähnchencocktail
Erdbeercocktail
Spargelcocktail
Brokkolicocktail

Erdbeercocktail
(Ergibt 6 Portionen)

20 grüne Spargelstangen, Salz,
1 EL Zucker, 50 g Butter,
1 EL Honig,
750 g Erdbeeren,
2 EL geröstete Mandel-
blättchen, Zitronenmelisse

1 Spargel schälen, in Salz-
wasser mit einer Prise
Zucker 10 Minuten garen.
Anschließend in 4 cm lange
Stücke schneiden.

2 Butter zerlassen, Honig
einrühren. Die Spargel-
stücke darin schwenken.

3 Erdbeeren putzen, halbieren und zuckern. Mit
dem Spargel in Gläser verteilen. Mit Mandeln und
Melisse garnieren.

Hähnchencocktail
(Ergibt 6 Portionen)

750 g gares Hähnchenfleisch,
1/2 Dose Mandarinen,
6 EL Crème fraîche,
4 EL Schlagsahne,
1/2 TL abgeriebene, unbe-
handelte Orangenschale,
je 1 Msp. gemahlener Ingwer
und Curry, Salz, Pfeffer,
12 Salatblätter,
6 Cocktailkirschen

Das Fleisch in kleine Stücke
schneiden, dabei die Haut
entfernen. Crème fraîche,
Sahne, 5 EL Mandarinen-
saft, Orangenschale, Ingwer,
Curry, Salz und Pfeffer verrühren. Salatblätter, Hähnchenfleisch, Sauce und die
Mandarinen in 6 Gläser füllen. Mit Cocktailkirschen
garnieren.

Spargelcocktail
(Ergibt 4 Portionen)

500 g weißer Spargel,
1/2 TL Zucker, Salz,
3 EL Crème fraîche,
3 EL Jogurt,
1 EL Schlagsahne,
4 EL Weißweinessig,
2 EL fein gewiegte Kräuter
(Kerbel, Petersilie),
frisch gemahlener
weißer Pfeffer,
4 Salatblätter,
4 EL Ananas in Stücken
(aus der Dose),
125 g Krabben,
Kerbelzweige, glatte Petersilie

1 Die Spargelstangen
schälen und mit dem
Zucker in einen Topf geben.
Salzwasser zugießen, zugedeckt etwa 15 Minuten bissfest garen.

2 Den Spargel herausnehmen, in Eiswasser ab-
schrecken, abtropfen lassen
und in etwa 4 cm lange
Stücke schneiden.

3 Crème fraîche, Jogurt,
Schlagsahne, Weißwein-
essig, Kräuter, Salz und Pfeffer verrühren. Salatblätter
waschen und gründlich trockentupfen. In Gläser drapieren. Spargel, Ananas und
Krabben auf dem Salat an-
ordnen und die Sauce da-
rüber geben. Mit Kerbel-
zweigen und einigen Blättchen Petersilie garnieren.

Übrigens
Cocktails zeichnen sich
durch ihr zartes Aroma aus.
Deshalb sollten Sie auf
scharfe Gewürze verzichten.

Festliche Cocktails

Brokkolicocktail
(Ergibt 4 Portionen)

1 Brokkoli (300 g),
Salz, 2 Tomaten,
200 g Ziegenkäse,
6 EL Crème fraîche,
1/16 l Schlagsahne,
frisch gemahlener
weißer Pfeffer,
4 Salatblätter,
1–2 EL geröstete,
gehackte Mandeln

1. Den Brokkoli putzen, die Röschen in Salzwasser bissfest garen, herausnehmen und abtropfen lassen.

2. Die Tomaten überbrühen, in kaltem Wasser abschrecken, häuten, entkernen und in kleine Würfel schneiden.

3. Den Käse in feine Streifen schneiden. Crème fraîche in eine Schüssel geben, die Schlagsahne steif schlagen und unterheben. Mit Salz und Pfeffer würzen.

4. Die Salatblätter waschen, trockentupfen und in vier Cocktailgläser verteilen. Brokkoli, Tomaten und Käse auf die Salatblätter häufen und mit der Sauce überziehen. Mit gehackten Mandeln hübsch garnieren.

Übrigens
Statt Brokkoli können Sie auch die besonders dekorativen Röschen des Romanesco verwenden. Oder Sie mischen für den Cocktail Brokkoli- und Blumenkohlröschen (unbedingt getrennt garen).

Traubencocktail
(Ergibt 4 Portionen)

Je 125 g blaue und
weiße Trauben,
250 g Krebsfleisch
(aus der Dose),
100 ml Schlagsahne,
2 EL Crème fraîche,
1 EL Zitronensaft,
2 EL Orangensaft,
1/2 TL abgeriebene,
unbehandelte Orangenschale,
1 kräftige Prise Zucker,
Salz,
frisch gemahlener weißer Pfeffer,
4 Salatblätter,
Petersilie,
4 Zitronenscheiben
evtl. frische Thymian- und Sellerieblüten,

1. Die Trauben waschen, halbieren und entkernen. Das Krebsfleisch gut abtropfen lassen und mit der Gabel in mundgerechte Stücke zerkleinern.

2. Die Sahne steif schlagen und mit Crème fraîche, Zitronen- und Orangensaft sowie der Orangenschale vermischen. Mit Zucker, Salz und Pfeffer abschmecken.

3. Die Salatblätter waschen, trockentupfen und in vier Cocktailgläser legen. Trauben und Krebsfleisch dekorativ darauf anordnen. Mit Orangensauce beträufeln.

4. Die Traubencocktails mit Petersilie garnieren. Jede Zitronenscheibe bis zur Mitte einschneiden und das Fruchtfleisch leicht auseinander ziehen. Auf den Rand der Gläser stecken. Eventuell mit einigen frischen Kräuterblüten dekorieren.

Traubencocktail

Hummercocktail

Hummercocktail
(Ergibt 4 Portionen)

1 gekochter, ausgelöster
Hummer, 3 Grapefruit,
4 EL Maiskörner (aus der Dose), 5 EL Crème fraîche,
4 EL Jogurt,
2 EL Schlagsahne,
Salz, Curry,
frisch gemahlener weißer Pfeffer,
4 Salatblätter,
2 EL Weinbrand

1. Das Hummerfleisch klein schneiden und in eine Schüssel geben.

2. Die Grapefruit schälen, die weiße Haut entfernen, die Filets aus den Trennhäuten lösen und halbieren. Mit den Maiskörnern zum Hummerfleisch geben.

3. Crème fraîche, Jogurt und Sahne verrühren und mit Salz, Curry und Pfeffer würzen.

4. Die Salatblätter waschen, trockentupfen; in die Cocktailgläser legen. Weinbrand darüber träufeln und die Hummermischung darauf anordnen. Die Sauce über das Hummerfleisch geben. Mit einem Hummerbeinchen dekorieren.

Übrigens
Selbstverständlich schmeckt dieser Cocktail auch mit dem zarten Fleisch von Languste, Flusskrebs oder Riesengarnele. Auch bereits geschälte Krabben sind geeignet. Schön: Garnitur aus Kapuzinerkresseblüten.

Festliche Cocktails

Spargelsalat

Eiersalat mit Brunnenkresse

Spargelsalat
(Ergibt 4 Portionen)

200 g geräucherte Putenbrust,
300 g gekochter grüner Spargel,
3 EL Sonnenblumenöl,
2 EL Zitronensaft,
Salz, frisch gemahlener weißer Pfeffer,
1 kräftige Prise Zucker,
100 ml Sahne,
4 Salatblätter,
1 EL zerkleinerter Dill,
2 EL geröstete Pinienkerne

1 Das Putenfleisch in Streifen schneiden. Die Spargelstangen in 3 cm lange Stücke schneiden.

2 Öl, Zitronensaft, Salz, Pfeffer, Zucker und Sahne in eine Salatschüssel geben und verrühren. Fleischstreifen und Spargel zugeben. Alles vorsichtig miteinander mischen.

3 Kurz vor dem Anrichten die Salatblätter waschen, abtropfen lassen und auf Salatteller legen. Spargelsalat darauf verteilen. Mit Dill und Pinienkernen garnieren.

Übrigens
Ganz klassisch schmeckt der Spargelsalat, wenn Sie statt grünem weißen Spargel verwenden. Anstelle der Putenbrust schmecken dann auch Krabben herrlich. Frische Zuckerschoten oder bissfest gedünstete Möhren unterstreichen den leichten Genuss.

Eiersalat mit Brunnenkresse
(Ergibt 4 Portionen)

6 hart gekochte Eier,
1 Bund Brunnenkresse (ersatzweise Rucola),
1 Becher Jogurt (150 g),
1 EL mittelscharfer Senf,
3 EL Crème fraîche,
2 EL Zitronensaft,
Salz, frisch gemahlener schwarzer Pfeffer,
1 TL Zucker,
125 g durchwachsener Speck

1 Die Eier pellen und halbieren. Jede Hälfte in drei Teile schneiden. Die Brunnenkresseblätter verlesen, sorgfältig waschen und gründlich trockenschütteln. Die holzigen Stiele sorgfältig mit den Fingernägeln abknipsen.

2 Jogurt, Senf, Crème fraîche und Zitronensaft verrühren und mit Salz, Pfeffer und Zucker würzen.

3 Die Brunnenkresse in eine Salatschüssel geben, Eier darauf hübsch anordnen und mit der Sauce übergießen.

4 Den Speck in kleine Würfel schneiden, in einer Pfanne ohne Fett knusprig braten. Abkühlen lassen und auf den Eiern verteilen.

Übrigens
Sinkt ein Ei im Wasserglas nach unten und bleibt am Grunde liegen, ist es frisch. Dreht es sich nach oben: nicht mehr verwenden.

Partysalate

Kohlrabisalat
(Ergibt 6 Portionen)

1 Becher Jogurt (150 g),
4 EL Schlagsahne,
4 EL Weinessig,
Salz, 1 Prise Muskat,
1 TL Zucker,
6 Kohlrabi,
200 g Schinkenspeck,
2 hart gekochte Eier,
1 Hand voll frisch gepflückte Gänseblümchen

Jogurt, Sahne, Essig, Salz, Muskat und Zucker verrühren. Die Kohlrabi schälen, grob raspeln und mit der Marinade vermischen. Den Schinkenspeck würfeln und kross ausbraten. Eier pellen und hacken. Ei und Schinken auf den Salat streuen. Mit Gänseblümchen hübsch garnieren.

Wildsalat
(Ergibt 6 Portionen)

700 g gares Wildfleisch (Reh-, Hase- oder Wildschweinbraten),
je 3 Orangen und Äpfel,
8 EL Weißwein,
200 g Majonäse,
1 TL süßer Senf,
Salz, frisch gemahlener schwarzer Pfeffer,
2 EL Weinbrand

1 Das Fleisch in kleine Würfel schneiden. Die Orangen schälen, die weiße Haut entfernen, die Filets aus den Trennhäuten herauslösen und jeweils in kleine Stücke schneiden.

2 Die Äpfel schälen, in Achtel schneiden, dabei das Kernhaus entfernen. Die Achtel ebenfalls in kleine Stücke schneiden. Die Fruchtstücke mit dem Weißwein marinieren.

3 Die Majonäse mit Senf, Salz, Pfeffer und Weinbrand verrühren. Die Hälfte in eine Salatschüssel füllen, Fleisch und Obst gut miteinander vermischen und auf die Majonäse geben. Mit der restlichen Majonäse bedecken. 2 Stunden im Kühlschrank durchziehen lassen.

Übrigens
Im Herbst können Sie diesen Salat mit gebratenen Pfifferlingen oder Steinpilzen anreichern. Anstelle des Wildes passen auch Rindfleischreste.

Frühlingssalat
(Ergibt 4 Portionen)

3 Kohlrabi, 4 Karotten,
2 Stangen Bleichsellerie,
Saft von 1 Zitrone,
3 El Traubenkernöl,
1/2 TL abgeriebene, unbehandelte Zitronenschale,
1/2 TL Zucker, Salz,
Kapuzinerkresseblüten

Kohlrabi und Möhren putzen, schälen und mit dem Gemüsehobel grob raspeln. Bleichsellerie waschen, putzen und in feine Scheiben schneiden. Aus Zitronensaft, Öl, Zitronenschale und Salz eine Vinaigrette anrühren. Über das Gemüse geben und alles gut vermischen. Eine Stunde ziehen lassen und mit den Blüten dekorieren.

Partysalate

Austernsalat
(Ergibt 6–8 Portionen)

20 Austern,
300 g gekochte Hühnerbrust,
250 g kleine weiße
Champignons,
1 Schalotte, 3 Avocados,
Saft von 1 Zitrone,
3 EL Weinessig,
Salz, frisch gemahlener
weißer Pfeffer,
1 TL mittelscharfer Senf,
1 Prise Ingwer,
1 Prise Zucker, 4 EL Öl,
1 Bund Basilikum

1 Die Austern mit dem Austernmesser aufbrechen, mit einer Gabel das Fleisch aus der Schale nehmen und in ein Sieb legen; den Saft auffangen.

2 Den Austernsaft zum Kochen bringen und kurz aufwallen lassen. Vom Herd nehmen. Die Austern hineinlegen, kurz ziehen und anschließend abtropfen lassen.

3 Die Hühnerbrust in Streifen, die Champignons in Scheiben schneiden und in eine Schüssel geben.

4 Die Schalotte pellen und in feine Würfel schneiden. Mit der Hühnerbrust und Champignonscheiben vermischen.

5 Die Avocados schälen, mit einem Kugelausstecher kleine Kugeln ausstechen, mit Zitronensaft beträufeln; zum Salat geben.

6 Weinessig und 3 EL Austernsud mit Salz, Pfeffer, Senf, Ingwer, Zucker und Öl verrühren und unter den Salat mischen.

7 Basilikum waschen, trockentupfen und zerkleinern. Mit den Austern auf dem Salat anrichten.

Übrigens
Bei frischen Austern ist die Schale fest verschlossen. Öffnen Sie die Schaltiere erst unmittelbar vor der Zubereitung des Salates. Halten Sie die Auster beim Öffnen mit einer Stoffserviette. So vermeiden Sie, dass die Auster verrutscht und Sie sich mit dem scharfen Austernmesser verletzen. Außerdem schützt die Serviette die Hand, wenn die Austernschale zersplittert.

Kürbissalat
(Ergibt 4 Portionen)

500 g geschälter Kürbis,
2 Gewürzgurken,
2 Zwiebeln,
4 EL Sonnenblumenöl,
3 EL Weinessig, Salz,
2 EL Petersilie

1 Den Kürbis in dünne Scheiben hobeln, die Gewürzgurken würfeln. Eine Zwiebel schälen und fein hacken.

2 Kürbis und Gemüsewürfel mit Öl, Essig und Salz verrühren. Petersilie darauf streuen.

3 Die zweite Zwiebel in Ringe schneiden und dekorativ auf dem Salat anrichten.

Übrigens
Der Muskatkürbis hat den feinsten Geschmack. Sein leuchtendes Fruchtfleisch ist zudem besonders attraktiv.

Pikanter Gurkensalat
(Ergibt 6 Portionen)

800 g Gewürzgurken,
2 Schalotten,
1 EL mittelscharfer Senf,
4 EL Sonnenblumenöl,
1/2 TL Zucker,
150 g Schinkenspeck,
3 EL gehackte Kräuter
(Petersilie, Schnittlauch
und Dill)

1 Die Gurken in kleine Würfel schneiden. Schalotten fein würfeln und zugeben.

2 Aus Senf, Öl und Zucker eine Marinade bereiten und mit den Gurken vermischen.

3 Den Schinkenspeck würfeln und ausbraten. Speckwürfel und Kräuter zum Salat geben.

Gurken-Jogurt-Salat
(Ergibt 4 Portionen)

2 Salatgurken, 1 TL Salz,
2 Knoblauchzehen, 200 g
griechischer Schafsjogurt,
1 Hand voll frische Minzeblättchen

Die Gurke waschen und in etwa 1 cm große Würfel schneiden. Die Schale nur dann entfernen, wenn sie bitter schmeckt. Gurkenwürfel in ein Sieb geben, mit Salz bestreuen und über einer Schüssel oder dem Waschbecken 15 Minuten ziehen lassen. Knoblauch schälen, pressen und mit dem Jogurt cremig rühren. Die Gurkenwürfel unter den Jogurt mischen. Minze waschen, trocknen und in kleine Stücke rupfen. Zum Salat geben.

Puffbohnensalat
(Ergibt 4 Portionen)

500 g Puffbohnen, Salz,
2–3 Schalotten,
4 EL Sonnenblumenöl,
5 EL Weinessig,
frisch gemahlener
weißer Pfeffer,
1/2 TL Zucker,
2 hart gekochte Eier,
je 150 g Sülz- und Rotwurst
(Blutwurst), 1 Bund Petersilie

1 Die Puffbohnen in einen Topf geben. So viel Wasser angießen, dass die Bohnen bedeckt sind. Etwas Salz zufügen. Zum Kochen bringen und 20 Minuten bei kleiner Hitze köcheln lassen, bis die Bohnen gerade noch bissfest sind. Das Kochwasser abgießen, die Bohnen kalt abschrecken, abtropfen lassen und in eine Salatschüssel geben.

2 Die Schalotten schälen, fein schneiden und gründlich mit den Puffbohnen vermischen.

3 Aus Öl, Essig, Salz, Pfeffer und Zucker eine Marinade bereiten, über die Bohnen gießen und zugedeckt mindestens 2 Stunden ziehen lassen.

4 Die Eier pellen und in Scheiben schneiden. Die Wurst fein würfeln. Eischeiben und Wurstwürfel auf dem Salat anrichten. Petersilie waschen, trockenschütteln, grob zerrupfen und auf den Salat streuen.

Übrigens
Statt Puffbohnen eignen sich auch weiße Bohnen.

Partysalate

Selleriesalat
(Ergibt 4 Portionen)

1 Sellerie (500 g), Salz,
2 Äpfel,
Saft von 1 Zitrone,
1/2 TL Salz, 1 EL Zucker,
150 ml saure Sahne,
1 EL Schmand,
1–2 EL geröstete Pinienkerne

1 Den Sellerie waschen und in Salzwasser gar kochen. Schälen, vierteln und fein schneiden. Warm halten.

2 Äpfel schälen, reiben und mit Zitronensaft vermischen. Zum Sellerie geben. Salz, Zucker, saure Sahne und Schmand verrühren und auf den Salat gießen. Alles vorsichtig vermengen.

3 Den Salat zugedeckt 1 Stunde ziehen lassen. Dann mit den Pinienkernen bestreuen.

Kartoffelsalat
(Ergibt 6 Portionen)

1,5 kg Salatkartoffeln,
20 g eingelegte Trüffeln,
3 Schalotten,
8 EL Weinessig, 8 EL Olivenöl,
Salz, frisch gemahlener weißer Pfeffer

Kartoffeln in der Schale kochen, pellen und klein schneiden. Trüffel ebenfalls in dünne Scheiben schneiden. Schalotten schälen und fein hacken. Mit den Trüffeln unter die Kartoffeln mengen. 3 EL Trüffelwasser mit Essig, Öl, Salz und Pfeffer verrühren. Zum Salat geben; ziehen lassen. Nicht zu kalt servieren.

Bunter Salat
(Ergibt 6 Portionen)

4 Matjesfilets, 1/4 l Milch,
4 gekochte Kartoffeln,
250 g Bratenrest (Rind- oder Schweinefleisch),
150 g Bierschinken,
4 gekochte Eier, 4 Gewürzgurken, 2 kleine Zwiebeln,
2 säuerliche Äpfel,
2 EL Öl, 200 g Majonäse,
1 EL mittelscharfer Senf,
Salz, frisch gemahlener weißer Pfeffer

1 Die Matjesfilets waschen und trockentupfen. Die Milch in eine Schüssel gießen und die Filets darin einlegen.

2 Die Kartoffeln, den Bratenrest, Bierschinken, die gepellten Eier, Gewürzgurken und geschälte Zwiebeln klein würfeln; in eine Schüssel füllen.

3 Die Matjesfilets ebenfalls in kleine Würfel schneiden und mit den anderen Zutaten vermischen.

4 Die Äpfel waschen, ungeschält in kleine Würfel schneiden, dabei das Kernhaus entfernen; die Apfelwürfel unter den Salat mischen. Öl, Majonäse, Senf, Salz und Pfeffer obenauf geben und vorsichtig unterheben.

Übrigens
Dieser Salat ist ein ideales Gericht zur Resteverwertung. Egal ob kaltes Hähnchenfleisch, eine letzte Scheibe Schinken, etwas geräucherte Forelle oder ein Stück Schillerlocke: Fast alles lässt sich mischen.

Reissalat
(Ergibt 4 Portionen)

250 g garer Reis,
150 g gekochter Schinken,
2 Tomaten,
1/2 gelbe Paprikaschote,
100 g kleine, weiße Champignons,
2 EL Weinessig,
2 EL Öl,
Salz, frisch gemahlener weißer Pfeffer,
2–3 EL zerkleinerte Kräuter (Petersilie, Dill)

1 Den Reis in eine Schüssel geben. Schinken in kleine Würfel schneiden.

2 Tomaten und Paprika waschen und fein würfeln. Die Champignons feinblättrig schneiden.

3 Schinken, Tomaten, Paprika und Champignons sorgfältig unter den Reis mischen.

4 Aus Essig, Öl, Salz und Pfeffer ein Dressing bereiten und unter den Reissalat mischen. 1 bis 2 Stunden durchziehen lassen. Abschmecken und mit Kräutern bestreuen.

Übrigens
Dieser Reissalat schmeckt mit Parboiled Reis ebenso gut wie mit Naturreis. Besonders dekorativ sieht es aus, wenn Sie 1/3 der Menge durch den fast schwarzen wilden Reis ersetzen. Kochen Sie die Sorten unbedingt getrennt voneinander, da sie unterschiedliche Garzeiten haben. Maiskörner setzen im schwarzweißen Salat bunte Akzente.

Nudelsalat
(Ergibt 4 Portionen)

400 g Vollkornspiralnudeln,
Salz,
150 g Erbsen,
4 Möhren,
4 Spargelstangen,
150 g Bierschinken,
150 g gekochter Schinken,
150 g Majonäse,
4 EL Schlagsahne,
frisch gemahlener weißer Pfeffer,
1 Prise Zucker,
2 EL Kräuteressig,
je 1 Bund Dill und Petersilie

1 Die Nudeln in leicht gesalzenem Wasser bissfest kochen. Mit kaltem Wasser abschrecken, abtropfen lassen und in eine Salatschüssel geben.

2 Die Erbsen in Salzwasser garen, abtropfen lassen und zu den Nudeln in die Schüssel geben.

3 Möhren und Spargel putzen, waschen und getrennt in Salzwasser bissfest garen. Abgießen, klein schneiden und ebenfalls zu den Nudeln geben.

4 Den Bierschinken und den gekochten Schinken in Würfel schneiden und zum Salat geben. Die Majonäse mit Sahne, Salz, Pfeffer, Zucker und Kräuteressig verrühren und auf den Salat gießen.

5 Alle Zutaten gut miteinander vermischen. Zugedeckt 1 Stunde im Kühlschrank durchziehen lassen. Vor dem Servieren Dill und Petersilie waschen, zerkleinern und über den Nudelsalat streuen.

Partysalate

Friséesalat mit Blauschimmelkäse
(Ergibt 6 Portionen)

3 große fest kochende Kartoffeln, 1 Kopf Friséesalat, 150 g Blauschimmelkäse, 50 g Walnüsse, 4 El Balsamico, 4 El Olivenöl, Salz, schwarzer Pfeffer

1 Kartoffeln in der Schale kochen. Pellen und in Würfel schneiden. Frisée waschen, trockenschleudern und in mundgerechte Stücke zupfen. Kartoffeln und Salat in eine Schüssel geben.

2 Käse würfeln. Aus Essig, Öl, Salz und Pfeffer eine würzige Vinaigrette mischen. Zusammen mit dem Käse zum Salat geben.

3 Walnüsse ohne Fett in der Pfanne goldgelb rösten. Etwas abkühlen lassen; über den Salat streuen.

Krautsalat
(Ergibt 4 Portionen)

Je 200 g weißer und roter Kohl, Salz, 2 Schalotten, 3 EL Essig, 3 EL Öl, 1 Msp. scharfen Senf, schwarzer Pfeffer

Das Kraut in sehr feine Streifen schneiden. In eine große Schüssel geben, salzen und leicht stampfen. Schalotten schälen und fein würfeln. Essig, Öl und Senf verschlagen. Schalotten zufügen. Salatsauce über den Kohl geben und gut untermischen. Pfeffern.

Löwenzahnsalat mit Austernpilzen
(Ergibt 6 Portionen)

2 Tomaten, 500 g Löwenzahnblätter, 300 g Austernpilze, 1 Knoblauchzehe, frisch gemahlener schwarzer Pfeffer, 4 EL Weißweinessig, 6 EL Olivenöl, Salz

1 Tomaten blanchieren, häuten und entkernen. Fruchtfleisch fein würfeln. Löwenzahn waschen, putzen und trockenschleudern.

2 Austernpilze putzen, kurz abbrausen; gut abtrocknen. In schmale Streifen schneiden. In einer Pfanne 3 EL Olivenöl erhitzen; die Pilze scharf anbraten. Die dabei austretende Flüssigkeit muss völlig verdampfen. Vom Herd nehmen, die Knoblauchzehe über die Pilze pressen und pfeffern.

3 Aus Essig, Öl und Salz eine Vinaigrette anrühren. Tomatenwürfel zugeben. Löwenzahn und Austernpilze mit der Vinaigrette vermischen.

Übrigens
Die Blätter des Löwenzahns sind sehr knackig. Deshalb fällt der angemachte Salat auf dem Büffet nicht zusammen. Wenn Sie den leicht bitteren Löwenzahn nicht bekommen, können Sie ihn durch Frisée- oder Endiviensalat ersetzen. Kopf- oder Feldsalat sind nicht geeignet.

Leichte Salate

Fenchel-Orangen-Salat
(Ergibt 6 Portionen)

3 große Fenchel,
2 Orangen, 2 EL Obstessig,
6 EL Olivenöl,
1/3 TL Zucker, Salz,
frisch gemahlener
schwarzer Pfeffer

1 Fenchel waschen, putzen und in sehr dünne Scheiben schneiden. Fenchelgrün nicht wegwerfen, sondern für die Garnierung beiseite legen.

2 Orangen schälen. Dabei auch die dicke weiße Haut wegschneiden. Mit einem spitzen Messer zwischen die feinen Trennhäute fahren und die einzelnen Filets auslösen. Heraustropfenden Saft in einer Schüssel auffangen.

3 Essig, Öl und Orangensaft vermischen; mit Zucker, Salz und Pfeffer abschmecken.

4 Fenchel und Orangenfilets auf eine Platte geben, mit der Salatsauce übergießen. Kurz ziehen lassen. Mit etwas Fenchelgrün bestreuen.

Übrigens
Wer keinen Fenchel mag, richtet diesen erfrischenden Sommersalat mit sanften Gemüsezwiebeln an. 1–2 große Zwiebeln schälen und in feine Ringe schneiden. Orangen schälen (weiße Haut entfernen) und in Scheiben schneiden. Zwiebeln und Orangen auf eine Platte schichten und mit Vinaigrette beträufeln.

Gärtnersalat
(Ergibt 6 Portionen)

1 Kopf Bataviasalat,
1 Radicchio, 1 Bund Rucola,
1 Salatgurke,
250 g Kirschtomaten,
1/2 Bund Radieschen,
1 Kästchen Kresse,
1/2 Bund Schnittlauch,
1 Avocado, Saft von 1/2
Zitrone, 5 EL Apfelessig,
5 EL Distelöl, Salz,
frisch gemahlener Pfeffer

1 Batavia, Radicchio und Rucola gründlich waschen und trockenschleudern. Salatgurke schälen und halbieren. Die Kerne mit einem Esslöffel herauskratzen und das Fleisch in dünne Scheiben schneiden.

2 Tomaten und Radieschen waschen und abtropfen. Radieschen je nach Größe halbieren oder vierteln. Schnittlauch in feine Röllchen schneiden. Kresse abschneiden.

3 Avocado halbieren, den Kern entfernen und das Fruchtfleisch aus der Schale lösen. In Spalten schneiden und sofort mit Zitronensaft beträufeln, damit es sich nicht braun verfärbt.

4 Aus Essig, Öl, Salz und Pfeffer eine Sauce mischen. Mit den restlichen Zutaten vermischen.

Übrigens
Damit der Salat lange knackig bleibt, sollten Sie die Vinaigrette erst ganz kurz vor dem Servieren untermischen.

Fenchel-Orangen-Salat

Gärtnersalat

Tomatenkörbchen mit Avocadocreme
(Ergibt 8 Stück)

8 Tomaten, 1 Avocado, Saft von 1 Zitrone, 1 TL Zucker, Salz, frisch gemahlener weißer Pfeffer, 1 Bund Basilikum, 300 g Mascarpone, 50 g geriebener Parmesan, 100 g Pinienkerne

1 Die Tomaten waschen. Mit einem kleinen spitzen Messer ein Körbchen schneiden; die untere Hälfte mit einem Teelöffel aushöhlen.

2 Avocado schälen, halbieren und entsteinen. Fruchtfleisch pürieren; mit Zitronensaft, Zucker, Salz und Pfeffer würzen.

3 Basilikum waschen, trockentupfen und fein wiegen. Mit dem Mascarpone und dem Parmesan vermischen und vorsichtig unter das pürierte Fruchtfleisch mengen.

4 Die Pinienkerne in eine Pfanne geben und rösten. Die Tomatenkörbchen mit Avocadocreme füllen und mit gerösteten Pinienkernen garnieren.

Übrigens
Die Tomatenkörbchen schmecken am besten, wenn Sie tiefrote Strauchtomaten verwenden. Nicht zu große Exemplare auswählen, schließlich sollen die Gäste nicht nach einem Stück satt sein.

Gefüllte Gurkenstücke
(Ergibt 8 Stück)

1 Salatgurke, 1 Ei, 100 g gekochter Schinken, 2 EL Dill, 1 EL Meerrettich, 250 g Frischkäse, Salz, frisch gemahlener weißer Pfeffer

Gurke waschen, halbieren und aushöhlen. Ei hart kochen, abschrecken, pellen und wie den Schinken in kleine Würfel schneiden. In eine Schüssel füllen. Dill, Meerrettich und Frischkäse untermischen; mit Salz und Pfeffer abschmecken. Gurke mit der Käsemasse füllen und kalt stellen. Vor dem Servieren in Stücke schneiden und mit etwas Dill garnieren.

Paprikaschiffchen
(Ergibt 16–18 Stück)

3 grüne Paprikaschoten, 300 g Schafskäse, 1/8 l Schlagsahne, Salz, weißer Pfeffer, 1 Bund Dill, 4 TL Kapern

1 Die Paprikaschoten waschen, halbieren, entkernen und längs in etwa 3 cm breite Streifen schneiden.

2 Den Käse fein reiben, mit Sahne verrühren; mit Salz und Pfeffer abschmecken.

3 Dill fein wiegen und mit den Kapern unter den Käse mischen. Die Paprikastreifen mit der Käsecreme füllen.

Farbenfrohe Gemüseplatten

Gefüllter Fenchel
(Ergibt 8 Stück)

4 Fenchel (à 300 g),
Salz,
Saft von 1 Zitrone,
1 EL Butter,
1 EL feingeschnittene Schalotte,
1 TL Fenchelsamen,
8 EL Tomatensaft,
2 EL Schlagsahne,
5 Tomaten,
frisch gemahlener weißer Pfeffer,
2 EL fein gewiegte Kräuter

1 Den Fenchel putzen, waschen, der Länge nach halbieren, aushöhlen und in Salzwasser mit dem Zitronensaft 3 Minuten garen; in eiskaltem Wasser abschrecken und gründlich abtropfen lassen.

2 Die herausgeschnittenen Fenchelstücke fein schneiden. In einer Pfanne die Butter erhitzen, Schalotte und Fenchel hineingeben, Fenchelsamen, Tomatensaft und Sahne zufügen und 5 Minuten dünsten. Vom Herd nehmen und auskühlen lassen.

3 Die Tomaten überbrühen, die Haut abziehen, Tomaten in kleine Würfel schneiden, mit der Fenchelmasse vermengen. Mit Salz und Pfeffer herzhaft würzen.

4 Die Gemüsemischung in den Fenchelhälften verteilen und bis zum Servieren in den Kühlschrank stellen. Erst dann die Kräuter darüber streuen.

Kohlrabinester
(Ergibt 8 Portionen)

8 junge Kohlrabi,
Saft von 1 Zitrone,
bissfest gekochte Gemüsekugeln von 400 g Gemüse (Kohlrabi, Möhren, Zucchini),
je 8 bissfest gekochte Blumenkohl- und Brokkoliröschen,
1 Becher Vollmilchjogurt (150 g),
frisch gemahlener weißer Pfeffer,
1 Eiweiß,
1 kräftige Prise Zimt

1 Kohlrabi schälen, oben ein Deckelchen abschneiden, die Knollen aushöhlen und in Salzwasser mit dem Zitronensaft bissfest garen. Abtropfen und abkühlen lassen.

2 Gemüsekugeln, Blumenkohl- und Brokkoliröschen dekorativ in den ausgehöhlten Kohlrabinestern verteilen.

3 Jogurt, Salz, Pfeffer, Eiweiß und einige Tropfen lauwarmes Wasser in einen Topf füllen und im Wasserbad schaumig rühren. Den Zimt zufügen.

4 Die Jogurtcreme in ein Schälchen füllen. Zusammen mit den Kohlrabinestern servieren.

Übrigens
Im Frühling lässt sich die Jogurtcreme mit zarten Kräutern anreichern. Gut passen Kerbel, Schnittlauch oder Basilikum.

Farbenfrohe Gemüseplatten

Große marinierte Gemüseplatte
(Ergibt 8 Portionen)

1 Blumenkohl (400 g),
1 Romanesco (400 g),
Salz,
500 g Brokkoli,
8 Möhren,
300 g kleine Champignons,
je 300 g grüner und weißer
Spargel,
300 g Erbsen,
1 Schalotte,
1 Knoblauchzehe,
8 EL Öl,
1/8 l Weißweinessig,
1 TL Zucker,
frisch gemahlener
weißer Pfeffer,
2 Bund Petersilie

1 Blumenkohl und Romanesco in Röschen zerteilen, waschen und in Salzwasser 8 bis 10 Minuten garen. Herausnehmen, abtropfen lassen und in eine tiefe Schale geben.

2 Den Brokkoli ebenfalls in Röschen zerteilen, waschen und 5 Minuten in Salzwasser garen. Herausnehmen und zum Blumenkohl geben.

3 Die Möhren putzen, waschen, vierteln, in gleichmäßige Stücke schneiden und in Salzwasser 5 Minuten garen. Abtropfen lassen, zum anderen Gemüse geben.

4 Champignons putzen, waschen und 1 Minute in Salzwasser garen. Abtropfen lassen und in die Schale geben.

5 Vom grünen Spargel das untere holzige Ende abschneiden und die Stan-

gen in Salzwasser 10 Minuten garen. Den weißen Spargel schälen und ebenfalls in Salzwasser 15 Minuten garen. Die Spargelstangen im Sud erkalten lassen, herausnehmen und zum übrigen Gemüse in die Schale geben.

6 Die Erbsen in Salzwasser 5 Minuten garen, herausnehmen und in die Schale legen.

7 Für die Marinade die Schalotte und die Knoblauchzehe schälen; sehr fein schneiden. Mit Öl, Essig, Zucker, Salz und Pfeffer verrühren.

8 Die Marinade über das Gemüse gießen. Die Schale leicht schräg halten, die Flüssigkeit mit einem Esslöffel auffangen und erneut über das Gemüse geben. Diesen Vorgang mehrmals wiederholen.

9 Das Gemüse 3 bis 4 Stunden durchziehen lassen. Vor dem Servieren auf einer großen Platte anrichten. Dabei auf Farbkontraste achten. Die Gemüseplatte mit Petersiliensträußchen garnieren.

Übrigens
Je nach Jahreszeit können Sie natürlich auch andere Gemüsesorten verwenden. Egal ob Fenchel, Sellerie, Artischocken, Gemüsezwiebeln, Zucchini, grüne Bohnen, Schwarzwurzeln, Auberginen oder Lauch: Blanchieren Sie die Gemüse auf jeden Fall getrennt voneinander, damit sie schön bissfest bleiben.

Kleine marinierte Gemüseplatte
(Ergibt 6 Portionen)

500 g Zuckerschoten,
2 Kohlrabi, 2 Zucchini,
6 Karotten,
1 kleiner Blumenkohl,
Salz, 8 EL Olivenöl,
100 ml Sherryessig,
frisch gemahlener
weißer Pfeffer,
Basilikumblättchen

1 Die Zuckerschoten putzen, blanchieren, abtropfen lassen und auf einem großen, runden Teller zu einem Kranz legen.

2 Die Kohlrabi schälen, längs halbieren, in Scheiben schneiden, kurz blanchieren und innerhalb des Zuckerschotenkreises anrichten.

3 Zucchini waschen, mit einem Buntmesser in Scheiben schneiden, blanchieren, herausnehmen und kreisförmig zu den Kohlrabischeiben legen.

4 Die Karotten putzen und waschen. Mit einem Buntmesser in Scheiben schneiden, knackig blanchieren, gut abtropfen lassen und ebenfalls auf dem Teller anordnen.

5 Den Blumenkohl in kleine Röschen teilen, waschen und in Salzwasser 8 Minuten garen. Herausnehmen und in die Mitte des Tellers setzen.

6 Öl, Essig, Salz und Pfeffer vermischen und über das Gemüse träufeln. Mit Basilikumblättchen dekorieren.

Gemüsemischung in Öl
(Ergibt 8 Portionen)

400 g fest kochende Kartoffeln, je 400 g Auberginen, grüne Bohnen und Zucchini, 2 rote Paprikaschoten, 6 Tomaten, 1 Bund Frühlingszwiebeln, 3 Knoblauchzehen, 1 Bund Petersilie, 4 TL Salz, 1/2 TL Pfeffer, 2 TL Zucker, 6 EL Olivenöl

1 Kartoffeln schälen und in etwa 3 cm große Würfel schneiden. Auberginen waschen und die Stielansätze entfernen. Das Fleisch in etwa 3 cm große Würfel schneiden. Zucchini waschen, Stielansätze entfernen und längs halbieren. Quer in etwa 2,5 cm dicke Scheiben schneiden. Paprika waschen und halbieren. Den Stielansatz herausschneiden und die Kerne entfernen. Längs in etwa 2 cm breite Streifen schneiden.

2 Tomaten blanchieren, häuten, entkernen und in Scheiben schneiden. Frühlingszwiebeln waschen und in 3 cm lange Stücke schneiden. Knoblauchzehen schälen und halbieren. Petersilie waschen und trockentupfen.

3 Gemüse abwechselnd in eine feuerfeste Form mit Deckel schichten. Zwischen den einzelnen Lagen mit Salz, Pfeffer, Zucker und Petersilie würzen. Die letzte Lage mit Olivenöl und 1/4 l heißem Wasser begießen.

4 Im vorgeheizten Ofen bei 180 °C 1,5 bis 2 Stunden schmoren lassen. Abkühlen lassen und lauwarm oder kalt servieren.

Farbenfrohe Gemüseplatten

Kleine marinierte Gemüseplatte

Große marinierte Gemüseplatte

Rohkostplatte

Kalte Gemüseplatte

Rohkostplatte
(Ergibt 6 Portionen)

Je 1 rote, gelbe und grüne Paprikaschote,
1 Bund Karotten, 2 Kohlrabi,
1 Staude Stangensellerie,
1 Gurke,
1/2 Bund Radieschen,
1 Bund Frühlingszwiebeln,
250 g Schikoree

Paprikaschoten waschen, längs halbieren, entkernen und in etwa 1 cm breite Streifen schneiden. Karotten und Kohlrabi schälen. Die Karotten in schmale Stifte, Kohlrabi in dünne Scheiben schneiden. Stangensellerie putzen und in einzelne Stangen brechen, eventuell halbieren. Die Gurke schälen, längs halbieren und die Kerne heraus kratzen. Das Fleisch in etwa 10 cm lange Stifte schneiden. Radieschen, Frühlingszwiebel und Schikoree putzen, waschen und gut abtropfen lassen. Alle Zutaten dekorativ auf einer großen Platte anordnen. Dabei auf schöne Farbkontraste achten. Mit verschiedenen Dips servieren.

Möhrensalat
(Ergibt 4 Portionen)

6 Möhren, 3 säuerliche Äpfel, Saft von 1/2 Zitrone, 150 g Vollmilchjogurt, 2 EL Sahne, Salz, 50 g Haselnüsse

Möhren und Äpfel waschen und schälen; dabei das Kerngehäuse der Äpfel entfernen. Grob reiben und mit Zitronensaft vermischen. Kurz ziehen lassen. Jogurt mit Sahne glatt rühren, salzen. Auf den Salat geben. Mit Nüssen bestreuen.

Kalte Gemüseplatte
(Ergibt 12 Portionen)

1 Knollensellerie,
2 Zitronen, Salz,
4 Stangen Staudensellerie,
100 g Roquefort,
2 EL Doppelrahmfrischkäse,
2 EL Schlagsahne,
1 Salatgurke,
4 Tomaten,
2 Zwiebeln,
2 EL Crème fraîche,
je 1 rote, gelbe und grüne Paprika,
250 g Zucchini, Pfeffer,
1 TL Butter,
1 EL Honig,
15 gekochte und geschälte Kastanien,
200 g gekochter Brokkoli,
10 gekochte Karotten,
2 gekochte und in Scheiben geschnittene Maiskolben,
2 gekochte, halbierte und in Scheiben geschnittene Kohlrabi,
Olivenöl

1 Sellerie schälen und in 1 cm dicke Scheiben schneiden. Mit einer Plätzchenform Kreise von etwa 5 cm Durchmesser ausstechen. Den Saft einer Zitrone auspressen, in einen Topf mit kochendem, gesalzenem Wasser geben und die Sellerieplätzchen bissfest garen. Die zweite Zitrone in dünne Scheiben schneiden und auf die Sellerieplätzchen legen.

2 Staudensellerie putzen, waschen und halbieren. Roquefort mit Frischkäse und Sahne glatt rühren. Die Selleriestangen mit der Käsecreme füllen.

3 Gurke und Tomaten in Scheiben schneiden. Gurken mit Crème fraîche, Tomaten mit Zwiebelringen garnieren. Paprika in Ringe schneiden. Zucchini in Scheiben schneiden, blanchieren und mit Salz und Pfeffer würzen.

4 In einer Pfanne Butter und Honig zerlassen. Die Kastanien zugeben, glasieren und halbieren.

5 Das gesamte Gemüse auf einer großen Platte dekorativ anrichten und kurz vor dem Servieren mit Olivenöl beträufeln.

Übrigens
Überraschen Sie Ihre Gäste einmal mit einer ungewöhnlichen Wildkräuter-Platte. Je nach Jahreszeit jeweils 250 g frische Kräuter wie Portulak, Spinat, Löwenzahn, Brunnenkresse, Rucola, Feldsalat oder Sauerampfer gründlich waschen und abtrocknen. Alles dekorativ auf einer großen Platte anrichten. Eventuell mit Kräuter- und Kapuzinerkresseblüten hübsch garnieren.
Da das zarte Grün sehr empfindlich ist, darf es nicht angemacht werden. Sonst fallen die Blätter schnell in sich zusammen. Besser ist es in jedem Fall, zusätzlich verschiedene Dips (Rezepte S. 62/63) anbieten, so dass sich jeder Gast seinen eigenen Kräutersalat anmischen kann. Diese Methode empfiehlt sich übrigens auch, wenn Sie zarte Salate (z. B. Feldsalat, Kopfsalat) anbieten möchten. Fertig angemacht fallen diese Sorten nämlich sehr schnell zusammen und sehen dann nicht mehr appetitlich aus.

Bagna cauda
(Ergibt 6 Portionen)

Für die Sauce:
150 g Sardellenfilets,
8–10 Knoblauchzehen,
100 g Butter,
1/4 l Olivenöl

Außerdem:
1 kleiner Blumenkohl,
1 Bund Möhren,
1 kleiner Mangold,
2 grüne Paprikaschoten,
1 Bund Stangensellerie,
2 Fenchel, 1 Baguette

1 Sardellenfilets wässern und trockentupfen. Knoblauchzehen schälen und zerstoßen. In einer kleinen Pfanne die Butter zerlassen und den Knoblauch darin garen, jedoch nicht bräunen lassen. Das Öl portionsweise zugießen. Sardellenfilets in die Pfanne geben und alles auf niedriger Flamme etwa 30 Minuten garen. Warm halten.

2 Blumenkohl waschen, in Röschen teilen und in Salzwasser noch bissfest garen. Abschütten und auskühlen lassen. Die Möhren schälen und der Länge nach vierteln. Mangold gründlich waschen und gut abtropfen lassen. Die Paprikaschoten waschen, halbieren, entkernen und längs in etwa 3 cm breite Streifen schneiden. Stangensellerie und Fenchel waschen, putzen und in Portionsstücke teilen.

3 Das Gemüse auf einer großen Platte anrichten. Die Sauce in ein feuerfestes Schälchen füllen und auf einem Stövchen servieren. Dazu knuspriges Baguette reichen.

Farbenfrohe Gemüseplatten

Majonäse

3 Eigelb,
Salz, Pfeffer, Zucker,
1 EL mittelscharfer Senf,
2 TL Zitronensaft,
1/4 l Öl,
2 TL Weinessig

In einer Schüssel Eigelb mit je einer Prise Salz, Pfeffer, Zucker und mittelscharfem Senf schaumig rühren. Zitronensaft zugeben und 10 Minuten ruhen lassen. Mit dem Schneebesen Öl und Essig unterschlagen, und zwar zuerst tröpfchenweise, dann in einem sehr dünnen Strahl.

Übrigens
Beachten Sie, dass alle Zutaten Zimmertemperatur haben. Falls die Majonäse gerinnt, kann man 1 TL heißes Wasser unterziehen.

Guacamole

3 Avocados,
3 TL Zitronensaft,
2 rote Chilischoten,
1 Knoblauchzehe,
2 EL Sonnenblumenöl,
Salz, Pfeffer

Avocados halbieren, entkernen, das Fruchtfleisch herauslösen und mit Zitronensaft pürieren. Chili und Knoblauch sehr fein würfeln und zum Püree geben. Öl zugießen und mit Salz und Pfeffer sehr würzig abschmecken.

Jedes Rezept ergibt 4 Portionen.

Meerrettich-Dip

2 EL Meerrettich,
1 EL fein gehackte Zwiebel,
2 El Sherryessig,
1 TL fein geschnittene Petersilie,
scharfer Senf,
Salz, Pfeffer, Zucker

Alle Zutaten gut miteinander vermischen. Den Dip zugedeckt etwa 1 Stunde durchziehen lassen.

Übrigens
Dieser Dip passt zu Räucherfisch und kaltem Fleisch besonders gut.

Pikantes Dressing

3 EL Tomatenketschup,
5 EL Crème fraîche,
4 EL Quark,
6 EL saure Sahne,
je 1 EL fein geschnittener Schnittlauch und Petersilie,
Salz, Pfeffer,
Paprikapulver edelsüß

Alle Zutaten gut miteinander vermischen und herzhaft abschmecken.

Parmesan-Dressing

100 g frisch geriebener Parmesan,
4 EL Schmand,
1/8 l saure Sahne,
1/2 TL Paprikapulver edelsüß,
Salz

Parmesan mit Schmand und saurer Sahne verrühren. Mit Paprikapulver und Salz würzig abschmecken.

Roquefort-Dip

200 g Doppelrahmfrischkäse,
125 g Roquefort,
4 EL Crème fraîche,
4 EL saure Sahne,
1 kleine Zwiebel,
2 Knoblauchzehen,
frisch gemahlener schwarzer Pfeffer

Frischkäse, Roquefort und Crème fraîche in eine Schüssel geben und glatt rühren. Zwiebel und Knoblauch schälen, fein hacken und zur Käsemischung geben. Mit Pfeffer herzhaft abschmecken.

Preiselbeer-Dip

2 EL Preiselbeerkonfitüre,
150 g Quark,
2 EL Crème fraîche,
1 TL mittelscharfer Senf,
1/2 TL Meerrettich,
Salz

Alle Zutaten sorgfältg miteinander vermischen und in kleine Schalen füllen.

Übrigens
Schmeckt toll zu Lachs und Wildterrinen, aber auch zu gekochtem Schinken.

Preiselbeer-Dip

Dips & Dressings

Ahornsirup-Dressing

2 EL Ahornsirup,
1 EL süße Chilisauce,
1 EL Sojasauce,
5 EL Öl,
4 EL Weißweinessig,
1–2 Knoblauchzehen

Ahornsirup, Chili- und Sojasauce, Öl und Essig mit dem Schneebesen gut verrühren. Knoblauchzehen schälen und in das Dressing pressen. Gut untermischen.

Tomaten-Quark-Dip

3 Tomaten,
1 Zwiebel,
1/2 Bund Schnittlauch,
200 g Quark,
100 ml saure Sahne,
Salz, Pfeffer

Die Tomaten entstielen, kreuzweise einschneiden und blanchieren. Abschrecken, häuten und entkernen. Das Fruchtfleisch in kleine Würfel schneiden. Die Zwiebel schälen und fein hacken. Den Schnittlauch waschen und in Röllchen schneiden. Quark in eine Schüssel geben, saure Sahne, Tomatenwürfel, Zwiebel und Schnittlauch unterrühren. Mit Salz und Pfeffer abschmecken.

Kokosmilch-Dressing

1 EL Honig,
1 Prise Zimt,
1 EL Zucker,
30 g frischer Ingwer,
10 EL Kokosmilch,
3 EL Weinbrand

Honig, Zimt und Zucker gut miteinander verrühren. Den Ingwer schälen, grob zerkleinern und durch die Knoblauchpresse in den Honig drücken. Kokosmilch und Weinbrand einrühren.

Übrigens

Um zu prüfen, wie viel Milch in der Kokosnuss ist, schütteln Sie diese kräftig. Die Milch im Inneren muss gut zu hören sein. Die Kokosmilch muss nicht unbedingt frisch aus der Nuss kommen. In asiatischen Lebensmittelhandlungen gibt es die Milch auch in Dosen.

Roquefort-Dip

Guacamole

Dips & Dressings

Gemüsesülze mit Schinken
(Ergibt 8 Portionen)

2,5 kg Kalbsfüße (vom Metzger zerkleinern lassen),
2 l Geflügelbrühe,
5 Schalotten,
750 g Blattspinat,
Salz, frisch gemahlener weißer Pfeffer,
6 EL Weinessig,
250 g gekochter Schinken,
750 g kleine Pfifferlinge,
1 EL Butterschmalz,
Kresseblättchen,
klein geschnittene Frühlingszwiebeln,
geröstete Pinienkerne,
Öl, Essig

1 Die Kalbsfüße in einen Topf geben, die Geflügelbrühe angießen und zum Kochen bringen. Die Schalotten schälen. 4 Schalotten halbieren und in die Brühe geben. Alles etwa 2 Stunden köcheln lassen.

2 Den Spinat putzen, waschen und mit heißem Wasser überbrühen. Anschließend in kaltem Wasser abschrecken, gut ausdrücken, fein hacken, zur Brühe geben, erhitzen und 10 Minuten mitköcheln lassen. Die Brühe durch ein Sieb gießen und mit Salz, Pfeffer und Essig feinwürzig abschmecken.

3 Den Schinken in Würfel schneiden. Die Pfifferlinge mit einem sauberen Küchentuch abreiben. Die letzte Schalotte in kleine Würfel schneiden.

4 In einer Pfanne das Butterschmalz erhitzen, die Pfifferlinge und die Schalottenwürfel hineingeben und 3 Minuten dünsten. Vom Herd nehmen, mit Salz und Pfeffer würzen. Die Pfifferlinge herausheben und mit den Schinkenwürfeln in kleine Portionsschälchen schichten.

5 Die Pilzflüssigkeit zur klaren Brühe geben. Sobald die Brühe dickflüssig wird und zu gelieren beginnt, wird sie über die Pfifferlinge gegossen. Mit einem Esslöffel die Pfifferlinge und die Schinkenwürfel verteilen. Die Förmchen abdecken und kalt stellen.

6 Vor dem Stürzen jedes Schälchen kurz in heißes Wasser tauchen. Die Sülze mit Kresseblättchen, Frühlingszwiebeln und Pinienkernen garnieren und mit Öl und Essig beträufeln.

Übrigens
Servieren Sie Ihre Gemüsesülze zur Abwechslung einmal mit Kräuterschaum. Einfach 150 g Vollmilchjogurt mit 1 Eiweiß im warmen Wasserbad schaumig schlagen. Verschiedene mild-würzige Frühlingskräuter (Kerbel, Schnittlauch, Petersilie, Basilikum, Fenchelgrün etc.) fein wiegen und unter die Sauce heben. Mit Salz und Pfeffer abschmecken. Wer die Sauce lauwarm servieren will, stellt ein Stövchen auf das Büfett.

Frühlingssülze
(Ergibt 8 Portionen)

2,5 kg Kalbsfüße (vom Metzger zerkleinern lassen),
2 l Geflügelbrühe,
4 Schalotten,
Salz, Pfeffer,
6 EL Weißweinessig,
500 g Möhren, Salz,
2 Bund Frühlingszwiebeln,
750 g grüner Spargel, Kerbel

1 Kalbsfüße mit der Geflügelbrühe zum Kochen bringen. Die Schalotten schälen, halbieren und zur Brühe geben; 2 Stunden köcheln lassen. Durch ein Sieb gießen und mit Salz, Pfeffer und Essig herzhaft-würzig abschmecken.

2 Möhren schälen und in sehr dünne Scheiben schneiden. In Salzwasser 5 bis 8 Minuten bissfest blanchieren. Abtropfen lassen. Frühlingszwiebeln waschen. Nur das Weiße in feine Ringe schneiden; 2 bis 3 Minuten im Möhrenwasser blanchieren. Abschrecken und abtropfen lassen. Vom Spargel die holzigen Teile entfernen. Die restlichen Stangen in etwa 0,5 cm dicke Scheiben schneiden und ebenfalls 2 bis 3 Minuten garen. Abschrecken und abtropfen lassen.

3 Den Boden einer ovalen Terrinenform mit Brühe bedecken. Kerbel dekorativ aufstreuen und im Kühlschrank erstarren lassen. Dann nacheinander das Gemüse in die Form schichten. Mit Brühe auffüllen und über Nacht in den Kühlschrank stellen. Vor dem Servieren stürzen und in Scheiben schneiden.

Gemüsesülzen

Gemüsesülze mit Schinken

Pikante Kürbiswürfel (Rezept S. 68)

Senfbirnen (Rezept S. 69)

Saure Gurken
(Ergibt 12 Portionen)

2 kg kleine Einleggurken,
200 g Salz,
6 Dilldolden,
1 l Weinessig,
200 g Zucker,
1 Pck. Gurkengewürz

1 Die Gurken waschen und in einen Steinguttopf schichten. Das Salz in 2 l Wasser auflösen und über die Gurken gießen. Zugedeckt über Nacht ziehen lassen. Salzwasser abgießen, Gurken abspülen und wieder in den Steinguttopf geben.

2 Die Dilldolden kurz abbrausen, in eine Schüssel legen, mit dem Weinessig begießen und 2 Stunden ziehen lassen. Die Blütendolden auf die Gurken legen.

3 Den Essig in einen Topf geben, 3/4 l Wasser, Zucker und Gurkengewürz zufügen, alles kurz sprudelnd kochen lassen; über die Gurken gießen.

4 Am nächsten Tag den Sud abgießen, erneut zum Kochen bringen und wieder über die Gurken gießen. Den Vorgang nach 3 Tagen ein letztes Mal wiederholen.

5 Die Gurken mit einem Teller beschweren, an einen kühlen Ort stellen und 3 bis 4 Wochen durchziehen lassen, damit sich die Aromen vermischen.

Senfgurken
(Ergibt 12 Portionen)

2 kg Schmorgurken,
1 EL Salz, 3 Schalotten,
50 g frischer Meerrettich,
1/2 l Kräuteressig,
100 g Zucker,
4 EL Senfkörner,
1 TL Pimentkörner,
15 weiße Pfefferkörner,
2 Lorbeerblätter,
1 kleines Stück Ingwerwurzel

1 Die Gurken schälen, halbieren, entkernen, in 5 cm lange Stücke schneiden, in eine Schüssel legen und mit Salz bestreuen. Zugedeckt über Nacht kühl stellen.

2 Am nächsten Tag die Gurken in einem Sieb gut abtropfen lassen. Die Schalotten und den Meerrettich schälen und klein schneiden.

3 Den Essig und 1/4 l Wasser in einen Topf geben und mit Zucker, Senf-, Piment- und Pfefferkörnern, Lorbeerblättern und Ingwer zum Kochen bringen; kurz aufwallen lassen.

4 Gurken, Schalotten und Meerrettich in einen Steinguttopf geben und die Essigmischung darüber gießen. Zugedeckt 3 bis 4 Wochen kühl stellen.

Übrigens
Sind die Gurken mit Flüssigkeit bedeckt, bleiben sie im Kühlschrank mehrere Wochen frisch.

Herzhaft Eingelegtes

Saure Pilze
(Ergibt 8 Portionen)

1 kg kleine Pilze
(Steinpilze, Pfifferlinge,
Maronen, Champignons),
Salz,
1/2 l Weinessig,
2 EL Zucker,
2 Lorbeerblätter,
1 TL Estragon, 3 Blättchen
Zitronenmelisse,
1/2 TL abgeriebene,
unbehandelte Zitronenschale,
2 Dilldolden,
4 Schalotten

1 Die Pilze putzen, kurz waschen und halbieren. In einem Topf 1 l Salzwasser zum Kochen bringen, die Pilze hineingeben, 3 Minuten blanchieren, in ein Sieb schütten und gründlich abtropfen lassen.

2 Für den Sud den Essig zusammen mit 1 TL Salz, Zucker, Lorbeerblättern, Estragon, Zitronenmelisse, Zitronenschale und 1/4 l Wasser in einen Topf geben, die Dilldolden zufügen, alles zum Kochen bringen und 10 Minuten bei kleiner Hitze köcheln lassen.

3 Die Pilze zufügen, alles aufkochen und weitere 5 Minuten köcheln lassen. Pilze mit einem Schaumlöffel herausnehmen und in ein Glasgefäß füllen.

4 Die Schalotten schälen und zu den Pilzen ins Glas geben. Den Sud auskühlen lassen und über die Pilze gießen. Das Gefäß schließen und 2 bis 3 Wochen kühl stellen.

Mixed Pickles
(Ergibt 8 Portionen)

15 kleine Gurken,
Salz, 1 Blumenkohl,
500 g Karotten,
400 g kleine, grüne Bohnen,
400 g kleine Zwiebeln,
2 1/2 l 5 %iger Essig,
200 g Zucker,
20 Gewürzkörner,
2 EL Senf,
3 EL Weißwein

1 Die Gurken schälen, in kleine Stücke schneiden, mit 2 EL Salz bestreuen und über Nacht ziehen lassen. Am nächsten Tag den Blumenkohl in Röschen teilen. Die Röschen waschen.

2 Die Karotten putzen, waschen und in dicke Scheiben schneiden. Die Bohnen abziehen; waschen. Das Gemüse getrennt jeweils 5 Minuten in Salzwasser garen. Herausnehmen, abtropfen lassen und mit den Gurkenstücken in große Gläser füllen.

3 Die Zwiebeln schälen und auf das Gemüse legen. Essig, Zucker und Gewürzkörner in einen Topf geben, aufkochen, kurz aufwallen und anschließend völlig abkühlen lassen. Senf und Weißwein zufügen.

4 Das Gemüse mit der Flüssigkeit begießen, bis es ganz bedeckt ist. Die Gläser verschließen. An einem dunklen und kühlen Ort mindestens 2 Wochen durchziehen lassen. Im Kühlschrank aufbewahren.

Herzhaft Eingelegtes

Pikante Kürbiswürfel
(Ergibt 8 Portionen)

2 kg festes Kürbisfleisch,
1 1/2 l Essig,
1,5 kg Zucker,
1 TL abgeriebene, unbehandelte Zitronenschale,
1 TL gemahlener Ingwer,
6 Grapefruits

1 Das Kürbisfleisch in kleine Würfel schneiden. In einem Topf Essig, Zucker, Zitronenschale und Ingwer zum Kochen bringen, die Kürbiswürfel hineingeben und 5 Minuten köcheln lassen. Zugedeckt 24 Stunden ziehen lassen.

2 Erneut zum Kochen bringen. 3 Minuten ohne Deckel sprudelnd kochen und anschließend völlig auskühlen lassen. Alles in vorbereitete Einmachgläser füllen.

3 Die Grapefruits schälen, die weiße Haut entfernen und die Filets aus den Trennhäuten lösen. Die Filets zu den Kürbiswürfeln geben. Die Gläser verschließen und kühl stellen.

Übrigens
Kürbisfleisch ist sehr gesund und leicht verdaulich. Achten Sie beim Kauf darauf, dass die Schale keine Druckstellen hat. Das aus der harten Schale gelöste Fleisch (faseriges Fleisch entfernen) hält sich im Kühlschrank etwa 10 Tage frisch. Damit es keine fremden Gerüche annimmt oder austrocknet, unbedingt fest in Frischhaltefolie schlagen.

Saure Pilze
(Rezept S. 67)

Senfgurken
(Rezept S. 66)

Herzhaft Eingelegtes

Senfbirnen
(Ergibt 6 Portionen)

2 kg Birnen,
1/2 l Weinessig,
400 g Zucker,
1 Zimtstange,
50 g frischer Meerrettich,
3 EL Senfkörner

Die Birnen schälen, längs halbieren und das Kernhaus entfernen. Birnen mit Essig, 1/4 l Wasser, Zucker und Zimtstange 8 bis 10 Minuten köcheln lassen. Meerrettich schälen und klein schneiden. Mit den Senfkörnern zu den Birnen geben. Mit kaltem Sud aufgießen. Zugedeckt mindestens 1 Woche kalt stellen.

Chutney
(Ergibt 6 Portionen)

750 g Tomaten,
750 g Zwiebeln,
750 g Äpfel,
1 Stück Ingwerknolle (125 g),
5 Orangen,
1/2 l Weinessig,
250 g Zucker, 1 TL Salz

Tomaten vierteln, Stielansatz herausschneiden. Zwiebeln schälen und grob zerkleinern. Die Äpfel schälen und vierteln; das Kerngehäuse entfernen. Ingwer schälen und fein schneiden. Orangen schälen und zerkleinern. Tomaten, Zwiebeln, Äpfel, Ingwer und Orangen mit Essig, Zucker und Salz zum Kochen bringen und zugedeckt etwa 1 Stunde köcheln lassen, bis die Masse die Konsistenz von Marmelade hat. Hin und wieder umrühren. Heiß in Twist-Off-Gläser füllen.

Champignons in Öl
(Ergibt 4 Portionen)

750 g kleine Champignons,
1 Tasse Olivenöl,
1/4 Tasse Wasser,
1/4 Tasse trockener Weißwein,
Saft von 2 Zitronen,
1 TL Honig,
Pfefferkörner, Salz,
2 Lorbeerblätter,
1/2 Bund Thymian,
2 Knoblauchzehen,
Cayennepfeffer

1 Champignons mit einem Tuch abreiben und je nach Größe eventuell halbieren. 2/3 Tasse Öl mit Wasser, Weißwein, Zitronensaft, Honig und Gewürzen in einen schweren Topf geben und bei kleiner Flamme zum Köcheln bringen. Champignons zugeben und 5 Minuten garen, dabei gelegentlich umrühren.

2 Pilze herausheben und in eine Glas- oder Porzellanschale geben. Den Sud bei starker Hitze auf die Hälfte einköcheln. Lorbeer, Thymian und Knoblauchzehen herausfischen. Sud abschmecken und eventuell mit Salz und Cayennepfeffer nachwürzen.

3 Den Sud über die Pilze gießen und alles erkalten lassen; Pilze von Zeit zu Zeit wenden. Kurz vor dem Servieren das restliche Olivenöl über die Pilze gießen.

Übrigens
Wenn Sie keine Pilze mögen, versuchen Sie das Rezept doch einmal mit frischen Perlzwiebeln.

Saure Schalotten
(Ergibt 4 Portionen)

500 g Schalotten,
1/2 l Rotweinessig,
1 TL Honig,
2 Lorbeerblätter,
Salz, Pfeffer

1 Schalotten schälen. Essig mit Honig und Gewürzen zum Kochen bringen. Schalotten zugeben und etwa 3 Minuten garen; herausheben und in Einmachgläser füllen.

2 Sud im Topf abkühlen lassen und über die Zwiebeln geben. Mindestens 2 Tage ziehen lassen.

3 Sud nochmals abgießen und um die Hälfte einkochen. Abschmecken, abkühlen lassen und über die Schalotten gießen.

Auberginengemüse mit Tomaten
(Ergibt 4 Portionen)

3 kleine Auberginen, Salz,
5 EL Olivenöl, 4 Tomaten,
1 El schwarze Oliven,
1 El Kapern,
1/2 Bund glatte Petersilie,
1 Knoblauchzehe, Pfeffer

Auberginen, waschen, trocknen und würfeln. In Öl goldbraun braten. Tomaten blanchieren und häuten. Oliven entsteinen; klein hacken. Mit den Kapern zu den Auberginen geben; weitere 10 Minuten garen. Petersilie hacken, Knoblauch schälen und in feine Scheiben schneiden. Zum Gemüse geben. Mit Salz und Pfeffer abschmecken.

Süß-saure Zucchini
(Ergibt 6 Portionen)

8 kleine Zucchini,
0,1 l Öl,
2 Knoblauchzehen,
Salz, Pfeffer, Zucker,
1/4 Bund Thymian,
6 TL Balsamico

1 Zucchini waschen, abtrocknen, Stielansätze entfernen und in dünne Scheiben schneiden. Öl in einer Pfanne erhitzen und die Zucchini in mehreren Portionen braten, bis sie goldbraun sind. Aus dem Öl nehmen und auf Küchenpapier abtropfen lassen. 1/3 der Zucchinischeiben auf einem Teller anordnen.

2 Knoblauch schälen und in sehr feine Scheiben schneiden. Ein Drittel des Knoblauchs auf die Zucchini verteilen. Mit Salz, Pfeffer, Zucker und Thymian würzen; mit 2 TL Essig beträufeln.

3 Eine zweite Lage der Zucchinischeiben auflegen; auf die gleiche Weise würzen. Mit den restlichen Zucchinischeiben ebenso verfahren.

Übrigens
Wer die Zucchini lieber naturell mag, verzichtet darauf, sie anzubraten. Stattdessen waschen und unzerteilt etwa 5 Minuten in kochendem Salzwasser bissfest garen. Abtropfen und auskühlen lassen. Erst dann in dünne Scheiben schneiden. Schön sieht es aus, wenn gelbe und grüne Zucchini gemischt werden.

Herzhaft Eingelegtes

Brot

Wer an einem verregneten Wochenende Lust hat, seine Freunde zu einer fröhlichen Runde einzuladen, überrascht sie mit einem großen Käsebüfett. Die Speisen sind schnell besorgt und ohne viel Aufwand lassen sich aus einfachen Grundzutaten kleine Köstlichkeiten zubereiten. Hier etwas Kräuter in die Butter, dort etwas Sahne an den Käse, ein frisch gebackenes Brot aus einfachem Hefeteig und obenauf ein paar Früchte: So wenig Arbeit hat eine Einladung bestimmt noch nie gemacht.

& Käse

Frühlingsbrot
(Ergibt 1 Laib)

500 g Mehl,
40 g Hefe,
knapp 1/4 l Milch,
4 EL fein gehackte Schalotten,
1 Bund fein geschnittener Schnittlauch, 1/2 TL Salz,
1 TL gemahlener Kümmel,
50 g weiche Butter, 1 Ei,
Butter für die Kastenform,
1 Eigelb, Salz, Kümmel

1 Das Mehl in eine Schüssel sieben und in die Mitte eine Vertiefung drücken. Die Hefe in etwas lauwarmer Milch verquirlen und in die Vertiefung gießen. Etwas Mehl darüber stäuben. Zugedeckt etwa 30 Minuten gehen lassen.

2 Mehl und Milch-Hefe-Mischung von der Mitte zu einem geschmeidigen Teig verarbeiten, dabei die restliche Milch, Schalotten, Schnittlauch, Salz, Kümmel, Butter und Ei zugeben. Zugedeckt nochmals 1 Stunde gehen lassen.

3 Eine Kastenform ausbuttern. Den Teig durchkneten und in die Form füllen. Mit Eigelb bestreichen und mit Salz und Kümmel bestreuen.

4 Das Frühlingsbrot im vorgeheizten Backofen bei 200 °C etwa 50 Minuten backen. Herausnehmen, etwas abkühlen lassen, aus der Form lösen und auf einem Kuchengitter völlig auskühlen lassen.

Holunderblütenbrot
(Ergibt 1 Laib)

500 g Mehl,
30 g Hefe,
1 kräftige Prise Zucker,
knapp 1/4 l Milch,
6 Holunderblüten,
1/2 TL Salz,
1/2 TL abgeriebene, unbehandelte Zitronenschale,
Butter für die Kastenform,
1 Eigelb

1 Das Mehl in eine Schüssel sieben und in die Mitte eine Vertiefung drücken. Die Hefe mit dem Zucker in etwas lauwarmer Milch verrühren und in die Vertiefung gießen. Mit Mehl bestäuben. Zugedeckt 30 Minuten gehen lassen.

2 Die Holunderblüten abbrausen, abtropfen lassen, zerteilen und mit dem Salz und der Zitronenschale auf dem Mehlrand verteilen.

3 Von der Mitte her die Zutaten zu einem geschmeidigen Teig verarbeiten, dabei die restliche Milch zugeben. Zugedeckt 1 Stunde gehen lassen.

4 Eine Kastenform ausbuttern. Den Teig durchkneten und in die Form füllen. Mit verquirltem Eigelb bestreichen. Im vorgeheizten Backofen bei 200 °C etwa 50 Minuten backen. Brot herausnehmen, aus der Form lösen und auf einem Kuchengitter auskühlen lassen.

Im Uhrzeigersinn:
Safranbrot, Holunderblütenbrot, Kümmelbrot, Frühlingsbrot

Frisches Brot

Kümmelbrot
(Ergibt 1 Laib)

300 g Roggenmehl,
100 g Roggenschrot,
200 g Weizenmehl,
1/2 TL Salz,
50 g Hefe,
1 TL Zucker,
150 g durchwachsener Speck,
3 EL Kümmel

1 Roggenmehl, Roggenschrot und Weizenmehl in eine Schüssel geben, gut vermischen und in die Mitte eine Vertiefung drücken. Das Salz auf dem Mehlrand verteilen.

2 In 400 ml lauwarmem Wasser die Hefe mit dem Zucker verrühren und in die Vertiefung gießen. Von der Mitte her zu einem glatten Teig kneten. Zugedeckt 1 Stunde gehen lassen.

3 Den Speck in kleine Würfel schneiden und kross anbraten. Völlig auskühlen lassen.

4 Den Teig zusammenstoßen, durchkneten, dabei 2 EL Kümmel und die Speckwürfel mit dem Fett einarbeiten. Einen runden Brotlaib formen und 15 Minuten gehen lassen.

5 Brot auf ein leicht bemehltes Backblech setzen, mit Wasser bestreichen und mit Kümmel bestreuen. In den vorgeheizten Backofen ein feuerfestes Gefäß mit Wasser stellen. Den Brotlaib bei 200 °C etwa 50 Minuten backen.

Safranbrot
(Ergibt 1 Laib)

500 g Mehl,
35 g Hefe, 1/4 l Milch,
1 TL gemahlener Safran,
1 Ei, 125 g Butter,
1 kräftige Prise Salz,
Butter für die Backform,
Milch

1 Das Mehl in eine Schüssel sieben und in die Mitte eine Vertiefung drücken. Die Hefe in etwas lauwarmer Milch verquirlen und in die Vertiefung gießen. Etwas Mehl darüber stäuben. Zugedeckt 30 Minuten gehen lassen.

2 Den Safran in 1 EL warmem Wasser auflösen und mit dem Ei, der zerkleinerten Butter und dem Salz auf den Mehlrand geben. Alle Zutaten zu einem glatten Teig verkneten. Zugedeckt 1 Stunde gehen lassen.

3 Den Teig durchkneten. Eine Kastenform ausbuttern, den Teig hineingeben, mit Milch bestreichen und im vorgeheizten Backofen bei 200 °C etwa 50 Minuten backen. Das Brot aus dem Ofen nehmen und auf einem Kuchengitter völlig auskühlen lassen.

Übrigens
Safran ist das teuerste Gewürz der Welt. Aber schon eine kleine Menge genügt, um dem Brot ein unvergleichliches Aroma zu verleihen. Probieren Sie es!

Frisches Brot

Sondershäuser Schärpplätze
(Ergibt 16 Stück)

Für den Sauerteig:
375 g Roggenmehl,
3/8 l Buttermilch

Für den Brotteig:
1,5 kg Mehl, 1 l Buttermilch,
Salz, Kümmel

Außerdem:
Butter für das Backblech

1 Für den Sauerteig 1 EL Roggenmehl mit 4 EL Buttermilch verrühren. Zugedeckt 36 Stunden warm stellen. Den Ansatz mit 1/8 l Buttermilch und 150 g Roggenmehl verrühren und bei Zimmertemperatur nochmals über Nacht ruhen lassen. Danach das restliche Roggenmehl und die restliche Buttermilch einrühren. 6 Stunden ruhen lassen.

2 Für den Brotteig das Mehl in eine Schüssel sieben, in die Mitte eine Vertiefung drücken. Sauerteig, Buttermilch und 1 EL Salz in die Vertiefung geben und alles von der Mitte her zu einem glatten Teig verkneten. 1 Stunde ruhen lassen.

3 Brötchen formen und flach drücken. Mit Salzwasser bestreichen und mit Kümmel bestreuen. Ein Backblech ausbuttern, die Schärpplätze darauf setzen und im vorgeheizten Backofen bei 200 °C etwa 35 Minuten backen.

Speckbrötchen
(Ergibt 16 Stück)

Für den Teig:
500 g Mehl,
30 g Hefe, 200 ml Milch,
1 EL weiche Butter,
1/2 TL Salz, 1 Ei

Für die Füllung:
2 Zwiebeln,
300 g durchwachsener Speck,
1 EL Butterschmalz

Außerdem:
2 Eigelb, Butter

1 Mehl in eine Schüssel sieben und in die Mitte eine Vertiefung drücken. Hefe in etwas lauwarmer Milch verquirlen und in die Mulde gießen. Mit Mehl bestäuben. Die Butter in Flöckchen und das Salz auf dem Mehlrand verteilen. Zugedeckt 30 Minuten gehen lassen. Zu einem geschmeidigen Teig verkneten, Ei und restliche Milch einarbeiten. Zugedeckt 30 Minuten gehen lassen.

2 Zwiebeln schälen und wie den Speck würfeln. Speck und Zwiebeln im Butterschmalz goldbraun braten; auskühlen lassen.

3 Teig durchkneten und in 16 Stücke teilen. Jedes Stück ausrollen, in die Mitte etwas Speckmischung geben und zu einem Brötchen formen. Mit Eigelb bestreichen und dreimal einschneiden. Backblech buttern und die Brötchen bei 200 °C etwa 25 Minuten knusprig backen.

Frisches Brot

Zwiebelbrötchen
(Ergibt 16 Stück)

500 g Schalotten,
200 g durchwachsener Speck,
30 g Butterschmalz,
250 g Weizenmehl,
250 g Weizenschrot,
40 g Hefe, Salz,
Butter für das Backblech

1 Schalotten schälen und in dünne Scheiben, Speck in kleine Würfel schneiden. Butterschmalz erhitzen, Speckwürfel hineingeben und auslassen. Zwiebelscheiben zufügen und goldbraun braten. Auskühlen lassen.

2 Mehl und Schrot in eine Schüssel geben; in die Mitte eine Vertiefung drücken. Die Hefe in 1/4 l lauwarmem Wasser auflösen, in die Vertiefung gießen und mit Mehl bestäuben. 1/2 TL Salz auf den Mehlrand streuen. Zugedeckt eine halbe Stunde gehen lassen. Von der Mitte her verkneten. Zugedeckt weitere 30 Minuten gehen lassen.

3 Das Speck-Zwiebel-Gemisch unterkneten und nochmals 20 Minuten gehen lassen. Flache Brötchen formen. Ein Backblech ausbuttern, die Brötchen darauf geben und im vorgeheizten Backofen bei 200 °C etwa 30 Minuten backen.

Übrigens
Haben Sie zu viel gebacken? Dann frieren Sie das Gebäck doch einfach ein. Jeweils 2 bis 3 Teilchen in Gefrierbeutel füllen und diese gut verschließen; einfrieren. Bei Bedarf auftauen lassen, mit etwas Wasser besprützen und im vorgeheizten Backofen bei 160 °C kurz erwärmen.

Brezeln
(Ergibt 16 Stück)

300 g Mehl,
150 g Butter, 15 g Hefe,
100 ml lauwarme Milch,
2 Eier, 1 Prise Salz,
1 Eigelb,
Butter für das Backblech,
Kümmel, grobes Salz

1 Das Mehl in eine Schüssel sieben und in die Mitte eine Vertiefung drücken. Die Butter in Flöckchen auf den Mehlrand setzen. Die Hefe in der lauwarmen Milch verrühren und in die Vertiefung gießen. Etwas Mehl darüber stäuben. Zugedeckt 20 Minuten gehen lassen.

2 Mehl, Butter, Milch und Hefe zu einem glatten Teig verkneten, dabei Eier und Salz zugeben. Schüssel zudecken und den Teig weitere 30 Minuten gehen lassen.

3 Den Teig gut durchkneten. Portionsstücke abteilen und 1 cm dicke und 20 cm lange Stangen rollen und zu Brezeln formen. Ein Backblech ausbuttern, die Brezeln darauf geben. Mit verquirltem Eigelb bestreichen und mit Kümmel und grobem Salz bestreuen. Im vorgeheizten Backofen bei 200 °C 12 bis 15 Minuten backen. Herausnehmen und abkühlen lassen.

Storchennest

Sondershäuser Schärpplätze

Storchennest
(Ergibt 20 Stück)

400 g Kartoffeln,
40 g Hefe,
1/4 l Milch,
1 kg Mehl,
1 TL Salz,
4 Schalotten,
4 Knoblauchzehen,
Butter für das Backblech,
2 Eigelb,
3 EL Reibekäse

1 Die Kartoffeln kochen, abpellen und durch die Kartoffelpresse drücken. Die Hefe in lauwarmer Milch verrühren. Das Mehl in eine Schüssel sieben, in die Mitte eine Vertiefung drücken. Auf den Mehlrand das Salz streuen. Die angerührte Hefe in die Vertiefung geben, mit etwas Mehl zu einem Vorteig verrühren. Zugedeckt 30 Minuten gehen lassen.

2 Schalotten und Knoblauch schälen und fein schneiden. Die zerdrückten Kartoffeln, Schalotten und Knoblauch zum Teig geben und alles gut verkneten. Nochmals zugedeckt 30 Minuten gehen lassen.

3 Aus dem Teig 20 Kugeln formen und diese dicht aneinander auf einem gebutterten Backblech zu einem Nest zusammensetzen. 20 Minuten gehen lassen. Mit verquirltem Eigelb bestreichen und mit Reibekäse bestreuen. Im vorgeheizten Backofen bei 200 °C etwa 45 Minuten goldbraun backen.

Frisches Brot

Orangenbutter

2 unbehandelte Orangen,
2 Bund Petersilie,
1 TL Zitronensaft,
1 EL scharfer Senf,
Salz, frisch gemahlener
weißer Pfeffer,
250 g weiche Butter

Die Orangen waschen und abtrocknen. Auf einer feinen Reibe die Schale in eine Schüssel reiben. Die Petersilie waschen, trockentupfen, von den groben Stielen befreien und fein wiegen. Die gewiegte Petersilie mit der Orangenschale vermischen. 2 EL Orangensaft, Zitronensaft, Senf, Salz, Pfeffer und die Butter zugeben und alles vermengen. In eine Butterschale füllen und kalt stellen.

Senfbutter

250 g Butter,
2 EL mittelscharfer Senf,
3 EL Zitronensaft,
Salz, frisch gemahlener
weißer Pfeffer

Die Butter in einer erwärmten Schüssel mit dem Quirl schaumig schlagen. Senf und Zitronensaft unterrühren. Mit Salz und Pfeffer abschmecken. In eine Butterschale füllen. Bis zum Servieren im Kühlschrank kalt stellen.

Nussbutter

250 g Butter, 100 g fein
gehackte Haselnüsse,
2 EL Zitronensaft,
2 EL Weißwein,
Salz, frisch gemahlener
weißer Pfeffer

Die Butter in einer erwärmten Schüssel schaumig schlagen, Haselnüsse, Zitronensaft und Weißwein untermischen und alles mit Salz und Pfeffer abschmecken. Die Butter auf Haushaltsfolie geben, zur Rolle formen, aufwickeln und kalt stellen.

Kaviarbutter

250 g Butter,
1 EL fein gehackte Schalotten,
200 g Kaviar,
frisch gemahlener
weißer Pfeffer

Die Butter in einer erwärmten Schüssel mit Schalotten, Kaviar und Pfeffer verrühren. Auf Haushaltsfolie geben, aufrollen, aufwickeln und kalt stellen.

Jedes Rezept ergibt 250 Gramm.

Sardellenbutter

1 Schalotte, 250 g Butter,
6 Sardellenfilets,
1/2 TL Sardellenpaste

Die Schalotte schälen und fein wiegen. Die Butter in einer erwärmten Schüssel verrühren und mit den zerkleinerten Sardellenfilets, der Schalotte und der Sardellenpaste verrühren. In eine Butterschale füllen oder zur Rolle formen und in Haushaltsfolie einwickeln. Kalt stellen.

Rotweinbutter

2 Schalotten,
100 ml Rotwein,
Salz, frisch gemahlener
schwarzer Pfeffer,
250 g Butter

Die Schalotten schälen, fein hacken, mit dem Rotwein in einen Topf geben, kurz aufkochen lassen, pürieren und mit Salz und Pfeffer würzen. Auskühlen lassen. Die Butter in einer erwärmten Schüssel verrühren, die Rotweinmischung untermischen, auf Haushaltsfolie geben, zu einer Rolle formen, aufwickeln und kalt stellen.

Kräuterbutter mit Knoblauch

6 Knoblauchzehen,
250 g Butter,
2 EL zerkleinerte Frühlingskräuter (Dill, Schnittlauch, Petersilie),
2 TL Thymian,
Saft von 1 Zitrone,
1/2 TL Salz

Die Knoblauchzehen schälen und fein schneiden. Die Butter in einer erwärmten Schüssel verrühren und mit Knoblauch, Kräutern, Zitronensaft und Salz verrühren. In eine Butterschale füllen oder zur Rolle formen und in Haushaltsfolie einwickeln. Kalt stellen.

Kräuterbutter mit Knoblauch

Buttervariationen

Butterroulade mit Basilikum

1 Hand voll frische, gereinigte Basilikumblüten,
250 g kalte Butter

Auf Haushaltsfolie einige Basilikumblüten legen, die Butter darauf geben und mit einem angefeuchtetem Nudelholz 5 mm dick ausrollen. Die restlichen Basilikumblüten aufstreuen. Zusammenrollen und in den Kühlschrank legen. Vor dem Servieren aufschneiden.

Übrigens
Noch leichter lässt sich die Butter zwischen zwei Lagen Frischhaltefolie ausrollen.

Butterroulade mit Paprika

Nußbutter

Butterroulade mit Paprika

250 g kalte Butter,
2 EL edelsüßer Paprika, Salz

Die Butter auf Haushaltsfolie mit einem angefeuchteten Nudelholz 5 mm dick ausrollen. Paprikapulver und Salz aufstreuen. Zusammenrollen, in Alufolie wickeln und in den Kühlschrank geben. Vor dem Servieren in Scheiben schneiden.

Butterroulade mit Rosenblüten

1 hart gekochtes Ei,
250 g Butter, 1 Prise Salz,
5 stark duftende Rosen

Das Ei schälen. Das Eigelb durch ein Sieb streichen. In einer erwärmten Schüssel die Butter mit dem Eigelb verrühren und salzen. Kalt stellen. Die Rosenblütenblätter waschen, abtropfen lassen und den bitteren Stielansatz entfernen. Einige Blütenblätter auf Haushaltsfolie streuen, die Butter darauf geben und mit einem angefeuchteten Nudelholz 5 mm dick ausrollen. Die restlichen Blütenblätter aufstreuen. Zusammenrollen, in Alufolie wickeln und in den Kühlschrank geben. Vor dem Servieren klein schneiden.

Butterroulade mit roten Zwiebeln

2 rote Zwiebeln,
250 g kalte Butter,
Salz, frisch gemahlener weißer Pfeffer

Die Zwiebeln schälen und fein hacken. Die Butter auf Haushaltsfolie mit einem angefeuchteten Nudelholz 5 mm dick ausrollen. Mit den gehackten Zwiebeln, Salz und Pfeffer bestreuen. Zusammenrollen, in Alufolie wickeln und in den Kühlschrank geben. Kurz vor dem Servieren in Scheiben schneiden.

Butterroulade mit Meerrettich

250 g kalte Butter,
4 EL frischer, geriebener Meerrettich, Salz

Die Butter mit einem angefeuchteten Nudelholz auf Haushaltsfolie 5 mm dick ausrollen. Mit Meerrettich und Salz bestreuen. Zusammenrollen und in den Kühlschrank legen. Vor dem Servieren in Scheiben schneiden.

Butterroulade mit Minze

250 g kalte Butter,
3 EL zarte Minzeblättchen,
2 zerdrückte Knoblauchzehen, 1 EL Zitronensaft,
Salz, frisch gemahlener weißer Pfeffer

Die Butter auf Haushaltsfolie mit einem angefeuchteten Nudelholz etwa 5 mm dick ausrollen. Mit Minzeblättchen bestreuen. Knoblauch, Zitronensaft, Salz und Pfeffer darüber geben. Zusammenrollen, in Alufolie wickeln und bis zum Servieren in den Kühlschrank legen.

Butterroulade mit Kapuzinerkresse

8 bis 10 frische, gereinigte Kapuzinerkresseblüten,
250 g kalte Butter

2 bis 3 Blüten auf Haushaltsfolie legen. Die Butter darauf geben und mit einem angefeuchteten Nudelholz 5 mm dick ausrollen. Die restlichen Blüten aufstreuen. Zusammenrollen, in Alufolie wickeln und in den Kühlschrank geben. Erst vor dem Servieren in Scheiben schneiden.

Butterroulade mit Borretschblüten

1 hart gekochtes Ei,
250 g Butter, 1 Prise Salz,
1 Hand voll frische, gereinigte Borretschblüten

Das Ei schälen. Eigelb durch ein feines Metallsieb streichen. In einer erwärmten Schüssel die Butter mit dem Eigelb verrühren und salzen. Im Kühlschrank kalt stellen. Auf Haushaltsfolie 1/3 der Borretschblüten legen, die Butter darauf geben und mit einem angefeuchteten Nudelholz 5 mm dick ausrollen. Die restlichen Blüten aufstreuen. Zusammenrollen, in Alufolie wickeln und bis zum Servieren in den Kühlschrank legen.

Buttervariationen

Käseplatte
(Ergibt 8 Portionen)

Für die Käsebällchen:
200 g Frischkäse,
200 g gesalzene Butter,
1 Hand voll Rosmarin- oder Salbeiblüten

Außerdem:
Je 8 Scheiben Allgäuer Emmentaler,
Schweizer Käse,
Bergkäse und Butterkäse,
2 runde Ziegenkäse,
1 Hand voll Kapuzinerkresseblüten

1 Für die Käsebällchen Frischkäse, Butter und frische, gereinigte Blüten vermengen. Aus der Masse kleine Bällchen formen.

2 Auf einer Platte die Schnittkäsescheiben anrichten. Den Ziegenkäse in kleine Tortenstücke schneiden.

3 Ziegenkäse neben den Käsescheiben anordnen und mit Kapuzinerkresse dekorieren. Auf der anderen Seite der Platte die Käsebällchen aufhäufen.

Übrigens
Noch üppiger wird die Käseplatte, wenn man zusätzlich Käsestangen und Windbeutel mit Käsecreme serviert. Die Rezepte finden Sie in diesem Buch. Mit frischen Früchten lässt sich die Käseplatte zusätzlich variieren. Der Geschmack von Birnen, Feigen und Datteln harmoniert mit dem Käsearoma besonders gut. Jetzt fehlen nur noch Wein und Brot.

Käseplatte

Käseplatten

Käsewürfel
(Ergibt 8 Portionen)

Für die Käsewürfel:
Je 250 g Allgäuer Emmentaler, Tilsiter, Edamer, Butterkäse, Gouda, Roquefort und Camembert,
1/2 Zitrone,
2 reife Birnen,
etwas kandierter Ingwer,
3 Scheiben Ananas (aus der Dose),
blaue Weintrauben, Walnüsse, Erdbeeren, Melonenkugeln, Cocktailkirschen

Für die Käsedatteln:
20 frische Datteln,
150 g Frischkäse, Salz,
50 g gehackte Haselnüsse,
1/2 TL unbehandelte, abgeriebene Orangenschale,
Basilikumsträußchen

1 Den Käse in mundgerechte Würfel schneiden, dabei Rinden entfernen. Den Emmentaler mit in Zitronensaft marinierten Birnenstückchen und Ingwerstreifen, den Tilsiter mit Ananasstückchen, den Edamer mit blauen Trauben, den Butterkäse mit Walnüssen, den Gouda mit halbierten Erdbeeren, den Roquefort mit Melone und den Camembert mit Cocktailkirschen belegen. Mit Partyspießen zusammenhalten.

2 Die Datteln entsteinen, den Frischkäse etwas salzen, mit Haselnüssen und Orangenschale vermischen und die Datteln mit der Creme füllen.

3 Die Käsewürfel auf einer Platte verteilen. Die gefüllten Datteln dazwischen setzen. Hübsch mit Basilikum dekorieren.

Käseplatten

Harzer Tatar
(Ergibt 4 Portionen)

500 g Harzer Käse,
3 Schalotten,
125 g weiche Butter,
2 EL mittelscharfer Senf,
2 TL Paprikapulver edelsüß,
4 Eigelb, 6 EL Crème fraîche,
2 Tomaten,
1 Bund Schnittlauch

1 Käse würfeln und in eine Schüssel geben. Die Schalotten schälen, fein hacken und zu den Käsewürfeln geben.

2 Butter, Senf, Paprika, Eigelb und 4 EL Crème fraîche verrühren und unterziehen. Zugedeckt 2 Stunden kalt stellen.

3 Tomaten waschen, in Scheiben schneiden, auf dem Salat anrichten; mit restlicher Crème fraîche verzieren. Den Schnittlauch waschen, klein schneiden und auf den Salat streuen.

Liptauer Käse
(Ergibt 4 Portionen)

250 g Quark,
50 g Butter,
1 Zwiebel,
1 EL Kapern,
Salz, frisch gemahlener
schwarzer Pfeffer

Den Quark und die Butter in eine Schüssel geben und schaumig schlagen. Die Zwiebel schälen und in sehr feine Würfel schneiden. Die Kapern ebenfalls ganz fein hacken. Zwiebeln und Kapern unter die Quarkmasse rühren, mit Salz und Pfeffer abschmecken. Mindestens 2 Stunden kalt stellen.

Gorgonzola mit Pinienkernen
(Ergibt 4 Portionen)

30 g Pinienkerne,
400 g Gorgonzola,
1/2 l Schlagsahne,
frisch gemahlener schwarzer
Pfeffer, 2 EL Olivenöl,
4 EL fein gehacktes Basilikum

1 Pinienkerne ohne Fett in einer Pfanne goldgelb rösten; abkühlen lassen und grob zerkleinern.

2 Gorgonzola durch ein Sieb streichen. Sahne steif schlagen und unter den Käse heben. Mit Pfeffer abschmecken. Zugedeckt 1 Stunde im Kühlschrank kalt stellen.

3 Pinienkerne mit Öl und Basilikum vermischen und kurz vor dem Servieren die Gorgonzolacreme damit garnieren.

Obatzter
(Ergibt 4 Portionen)

200 g Camembert,
50 g Butter, 1 Eigelb,
100 g Doppelrahmfrischkäse,
2 kleine Zwiebeln,
2 TL zerstoßener Kümmel,
1/2 TL frisch gemahlener
Pfeffer,
1 TL Paprikapulver edelsüß,
1 TL Tomatenketschup

Camembert sehr klein schneiden und mit Butter, Eigelb und Frischkäse gut verkneten. Die Zwiebel schälen, fein hacken und zusammen mit den Gewürzen sowie den Tomatenketschup unter die Käsemasse rühren. Zugedeckt 1–2 Stunden ziehen lassen.

Bunter Schafskäse
(Ergibt 4 Portionen)

Je 2 rote und grüne
Paprikaschoten,
3 Zwiebeln,
2 Knoblauchzehen,
2 Zucchini,
6 EL Olivenöl,
Salz, frisch gemahlener
schwarzer Pfeffer,
500 g Schafskäse,
15 schwarze Oliven,
Saft von 1 Zitrone

1 Paprikaschoten putzen, waschen und in Viertel schneiden. Mit der Hautseite nach oben auf ein Backblech legen und im vorgeheizten Backofen bei 250 °C etwa 10 Minuten garen, bis die Haut Blasen wirft. Herausnehmen, mit einem feuchten Tuch bedecken und abkühlen lassen. Die Haut abziehen und das Fleisch in grobe Würfel schneiden. Dabei alle kleinen Kerne entfernen.

2 Zwiebeln schälen und in Ringe schneiden. Knoblauchzehen pellen und in dünne Scheiben schneiden. Zucchini waschen und ebenfalls in dünne Scheiben schneiden oder mit dem Kugelausstecher kleine Kugeln formen. In einer Pfanne 2 EL Öl erhitzen. Zwiebeln und Zucchini darin andünsten, dann den Knoblauch zufügen. Mit Salz und Pfeffer würzen.

3 Schafskäse in Würfel schneiden und in eine Schüssel füllen. Paprika, Zucchinigemüse und Oliven untermischen. Mit restlichem Öl und Zitronensaft beträufeln und alles gut miteinander vermischen.

Mozzarella mit Tomaten
(Ergibt 4 Portionen)

1 Brötchen,
20 g Butter,
300 g kleine Mozzarella-
kugeln,
300 g Cocktailtomaten,
1 Bund Basilikum,
4 EL Olivenöl,
2 EL Balsamessig,
Salz, Pfeffer

1 Das Brötchen in kleine Würfel schneiden und in der heißen Butter goldgelb ausbacken.

2 Die Mozzarellakugeln abtropfen lassen. Cocktailtomaten waschen und halbieren. Den Basilikum waschen und fein schneiden. Mozarella, Tomaten und Basilikum in eine Schüssel geben.

3 Öl und Essig miteinander verrühren, mit Salz und Pfeffer würzen. Das Dressing über die Käsemischung gießen und alles gut miteinander vermischen.

Übrigens
Wenn Sie den Mozzarella wie in Italien servieren möchten, verwenden Sie große Mozzarellakugeln und Strauch- oder Eiertomaten. Schneiden Sie den Käse und die Tomaten in etwa 1 cm dicke Scheiben. Legen Sie die Tomatenscheiben auf eine große Platte und würzen Sie mit Pfeffer und Salz. Dann kommt auf jede Tomate eine Scheibe Mozzarella und 1 Basilikumblättchen. Üppig mit nativem Olivenöl begießen.

Käsespezialitäten

Emmentaler mit Nüssen
(Ergibt 4 Portionen)

200 g Knollensellerie,
200 g Emmentaler,
2 säuerliche Äpfel,
2 EL Zitronensaft,
125 g Walnusskerne,
5 EL Jogurt,
1 EL Tomatenketschup,
Salz, Pfeffer

1 Sellerie schälen und wie den Emmentaler in feine Streifen schneiden. Die Äpfel schälen und vierteln; dabei das Kerngehäuse entfernen.

2 Die Apfelspalten blättrig schneiden und mit dem Sellerie in eine Schüssel füllen. Zitronensaft untermischen. Walnüsse grob hacken und zusammen mit dem Käse zur Apfel-Sellerie-Mischung geben.

3 Jogurt mit Ketschup, Salz und Pfeffer verrühren und abschmecken. Unter die restlichen Zutaten mischen.

Übrigens
Sie sind ein begeisterter Anhänger von Käsecremes? Dann probieren Sie einmal dieses einfache und schnelle Rezept:
250 g Emmentaler, Greyerzer oder Appenzeller fein würfeln; mit 200 g schaumig geschlagener Butter vermischen. Je 5 eingelegte Maiskölbchen und Cornichons sowie 5 Radieschen würfeln und mit 1 TL grüner Pfefferkörner unterrühren. Mit Salz würzig abschmecken. Mit gemörsertem Pfeffer bestreuen.

Käsecreme mit Paprika
(Ergibt 4 Portionen)

100 g Schafskäse,
500 g Doppelrahmfrischkäse,
50 g Butter,
3 in Öl eingelegte Paprikaschoten,
1 Zwiebel,
1 EL fein geschnittene Petersilie

Schafskäse mit der Gabel zerdrücken. Mit Frischkäse und Butter verrühren. Die Paprikaschoten abtropfen lassen und in kleine Würfel schneiden. Die Zwiebel schälen und fein hacken. Paprika, Zwiebel und Petersilie unter die Käsemischung rühren.

Übrigens
Eingelegte Paprika erhält man in vielen italienischen, griechischen oder türkischen Feinkostläden. Sie können die Schoten aber auch selbst einlegen. Paprika waschen und unter dem Grill bräunen, bis die Haut Blasen wirft. Abkühlen lassen, häuten, entkernen und in gewürztem Olivenöl einlegen.

Bibeliskäse
(Ergibt 4 Portionen)

500 g Quark, 1 Zwiebel,
3 EL fein gehackter Borretsch,
Salz, Pfeffer,
1/4 l Schlagsahne

Quark abtropfen lassen. Zwiebel schälen und sehr fein hacken. Mit Borretsch, Salz und Pfeffer unter den Quark mischen. Sahne steif schlagen und unterziehen. Nochmals abschmecken.

Käsespezialitäten

Mandel-Camembert

Emmentaler mit Nüssen

Roquefortcreme

Edamer mit Ananas

Roquefortcreme mit Birnen und Trauben
(Ergibt 4 Portionen)

300 g Roquefort,
100 ml Weißwein,
3 Blatt weiße Gelatine,
1/4 l Schlagsahne,
1 TL Zitronensaft,
Salz,
2 Birnen,
Saft von 1 Zitrone,
250 g blaue Weintrauben,
Walnusskerne

1 Den Käse grob zerkleinern, Wein darüber träufeln und zugedeckt über Nacht ziehen lassen.

2 Am nächsten Tag den Wein in einen Topf abgießen und leicht erwärmen. Den Käse glatt rühren. Gelatine in kaltem Wasser einweichen, ausdrücken und im warmen Wein auflösen.

3 Schlagsahne mit Zitronensaft steif schlagen. Zuerst etwas Käse in die aufgelöste Gelatine rühren, dann die Gelatine zum restlichen Käse geben und glatt rühren. Die Schlagsahne unterziehen. Mit Salz abschmecken und über Nacht in den Kühlschrank stellen.

4 Kurz vor dem Servieren die Birne waschen und in Spalten schneiden. Das Kerngehäuse entfernen und das Fruchtfleisch mit Zitronensaft beträufeln, damit es sich nicht braun verfärbt. Trauben waschen und halbieren. Die Kerne mit einem spitzen Messer entfernen. Die Roquefortcreme aus dem Kühlschrank nehmen und mit Birnenspalten, Weintrauben und Walnusskernen üppig garnieren.

Mandel-Camembert
(Ergibt 4 Portionen)

400 g Camembert,
1 EL scharfer Senf,
200 g geriebene,
geröstete Mandeln,
blaue Weintrauben

Den Camembert in kleine Würfel schneiden, dabei die weiße Rinde entfernen. Die Käsewürfel zuerst in Senf, dann in den Mandeln wälzen. Weintrauben waschen und mit einem bunten Spießchen oder einem Zahnstocher auf die Käsewürfel stecken.

Edamer mit Ananas
(Ergibt 4 Portionen)

300 g Edamer,
6 Scheiben Ananas (aus der Dose),
2 EL Mandelstifte,
100 ml saure Sahne,
Salz, Pfeffer,
2 EL geröstete Mandelblättchen

Edamer und Ananas in Würfel schneiden, in eine Schüssel geben und mit den Mandelstiften vermischen. Die saure Sahne mit Salz und Pfeffer abschmecken und über der Käsemischung verteilen. 30 Minuten im Kühlschrank ziehen lassen. Kurz vor dem Servieren mit Mandelblättchen hübsch dekorieren.

Übrigens
Anstelle der Ananas können Sie auch Mandarinen untermischen. In diesem Fall die saure Sahne mit einigen Spritzern Zitronensaft säuerlich abschmecken.

Käsespezialitäten

Käsetorte

Käsegebäck

Käsetorte
(Ergibt 8 Stück)

Für den Teig:
300 g Mehl,
1 Pck. Backpulver,
250 g Quark, Salz,
250 g Butter,

Für die Füllung:
500 g Butter,
350 g Roquefort,
125 g Crème fraîche,
3 EL Zitronensaft,
4 EL Sherry

Außerdem:
Kirschtomaten, Zucchini,
Basilikum,
Mehl zum Ausrollen

1 Das Mehl mit dem Backpulver vermischen, in eine Schüssel sieben und in die Mitte eine Vertiefung drücken. Den Quark auspressen, durch ein Sieb in die Vertiefung streichen. Eine kräftige Prise Salz zufügen.

2 Die Butter in Stücken auf den Quark geben und mit Mehl bedecken. Die Zutaten von der Mitte her zu einem glatten Teig verkneten, 5 mm dick ausrollen, mehrmals zusammenschlagen und wieder ausrollen. Diesen Vorgang dreimal wiederholen. Den Teig über Nacht kalt stellen.

3 Am nächsten Tag den Teig durchkneten, in vier gleich große Stücke teilen und jedes Teigstück auf leicht bemehlter Fläche ausrollen.

4 Den Boden einer Springform von 26 cm Durchmesser mit kaltem Wasser abspülen, die erste Teigplatte darauf geben und im vorgeheizten Backofen bei 200 °C etwa 10 Minuten backen. Vom Blech nehmen und auskühlen lassen. Die restlichen Tortenböden ebenso backen.

5 Für die Füllung die Butter schaumig rühren. Den Käse in einer Schüssel zerdrücken, dann die Butter esslöffelweise unterrühren. Crème fraîche, Zitronensaft und Sherry zufügen und alles glatt rühren. Die Böden nacheinander mit 3/4 der Roquefortcreme bestreichen und aufeinander setzen. Nur leicht festdrücken.

6 Die restliche Creme in einen Spritzbeutel mit Sterntülle füllen und die Torte ringsum bespritzen. Zusätzlich mit Kirschtomaten, Zucchinischeiben und Basilikumblättchen üppig garnieren.

Übrigens
Sie können statt der großen Tortenböden auch kleine Plätzchen ausstechen. Bereiten Sie dann jedoch nur die Hälfte des Teigs vor. Die Plätzchen backen und jeweils zwei Gebäckteile mit etwas Käsecreme zusammensetzen.

Eclairs mit pikanter Füllung

Eclairs mit pikanter Füllung
(Ergibt 6 Stück)

Für den Teig:
150 g Mehl,
30 g Stärkemehl,
50 g Butter,
5 Eier,
1 TL Backpulver

Für die Füllung:
600 g Doppelrahmfrischkäse,
1/8 l Schlagsahne,
frisch gemahlener weißer Pfeffer, Salz,
4 EL gehackte Walnusskerne,
2 EL Reibekäse (Emmentaler),
4 EL fein gewiegte Kräuter
(Dill, Petersilie, Schnittlauch)

Außerdem:
Butter für das Backblech

1 Für den Teig Mehl und Stärkemehl vermischen und sieben. Die Butter mit 1/4 l Wasser in eine Kasserolle geben und zum Kochen bringen. Vom Herd nehmen. Die Mehlmischung hineingeben, zu einem glatten Kloß rühren und etwa 1 Minute erhitzen.

2 Den Teigkloß in eine Schüssel füllen und nach und nach die Eier unterrühren. Zuletzt das Backpulver untermengen.

3 Ein Backblech ausbuttern. Den Teig in einen Spritzbeutel mit großer Lochtülle füllen; fingerlange Streifen auf das Backblech spritzen. Im vorgeheizten Backofen bei 200 °C etwa 15 Minuten backen. Heraus- nehmen, jedes Eclair sofort waagerecht durchschneiden und auskühlen lassen.

4 Für die Füllung den Frischkäse mit der Sahne schaumig schlagen, mit Pfeffer und Salz abschmecken. Die Nüsse, den Reibekäse und die Kräuter untermischen. Kurz vor dem Servieren die Eclairs mit der Käsecreme füllen.

Übrigens
Sie können die Brandteig-Eclairs bereits Wochen vor Ihrer Party backen. Die heißen Eclairs durchschneiden, abkühlen lassen und in Dosen oder Beuteln einfrieren. Bei Bedarf auftauen und kurz vor dem Servieren mit Creme füllen.

Käsecreme mit Pinienkernen
(Ergibt 6 Portionen)

200 g Ziegenkäse,
400 g Doppelrahmfrischkäse,
1/8 l Sahne, 1–2 Knoblauchzehen, 4 EL Basilikum,
2 EL Pinienkerne, Salz,
grober Pfeffer

1 Ziegenkäse entrinden, mit einer Gabel zerdrücken und mit Frischkäse und Sahne verrühren.

2 Knoblauch schälen, in die Käsecreme pressen. Fein gehacktes Basilikum zugeben; salzen und gut pfeffern.

3 Pinienkerne ohne Fett rösten. Abkühlen lassen; unter den Käse mischen.

Käsegebäck

Desserts

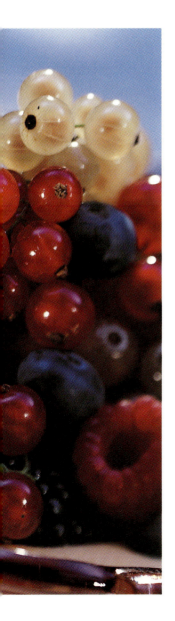

Desserts sind nicht nur für Leckermäuler der krönende Abschluss eines Büfetts. Egal ob der Anlass der Feier eine Taufe, ein runder Geburtstag oder einfach ein lustiges Treffen im Freundeskreis ist: Ohne Dessert macht das Schlemmen nur halb so viel Spaß. Wer seine Gäste verwöhnen will, stellt neben dem salzigen Büfett einen eigenen Nachspeisentisch zusammen. Dann bleibt Ihre Einladung bestimmt für lange Zeit in aller Munde.

Rote Grütze

Rote Grütze
(Ergibt 4 Portionen)

Je 100 g Johannisbeeren,
Sauerkirschen und
Himbeeren,
50 g Stärkemehl,
100 g Zucker,
1 EL Zitronensaft

Außerdem:
Je 1 Hand voll Himbeeren
und Brombeeren,
1 Eiweiß,
3 EL feiner Zucker,
Minzeblätter

1 Die gewaschenen Johannisbeeren von den Stiele streifen. Die Kirschen waschen, den Stein entfernen. Himbeeren kurz waschen, mit 1/8 l Wasser verrühren und durch ein Sieb streichen.

2 Das Stärkemehl in etwas kaltem Wasser glatt rühren und mit dem Zucker und dem Zitronensaft unter das Himbeerpüree rühren. Erhitzen und 2 bis 3 Minuten köcheln lassen.

3 Johannisbeeren und Kirschen unterrühren, kurz aufkochen lassen. Die Grütze auskühlen lassen, in Schälchen verteilen und kalt stellen.

4 Für die Dekoration die Beeren säubern und in ungeschlagenes Eiweiß tauchen. Abtropfen lassen und mit Zucker bestreuen; auf Backpapier trocknen lassen. Kurz vor dem Servieren die Grütze mit den verzuckerten Beeren und Minzeblättern dekorieren.

Rhabarbercreme
(Ergibt 4 Portionen)

1 kg Rhabarber,
1/4 l Weißwein oder Apfelsaft,
100 g Zucker,
200 ml Schlagsahne

1 Rhabarber putzen, waschen und in etwa 3 cm lange Stücke schneiden. Die Fruchtstücke in einen Topf geben, mit Weißwein oder Apfelsaft auffüllen. Bei kleiner Hitze etwa 8 Minuten köcheln lassen, bis der Rhabarber zerfallen ist. Etwas abkühlen lassen.

2 Die Fruchtmasse mit dem elektrischen Mixer pürieren. Zucker zufügen, abschmecken und in den Kühlschrank stellen.

3 Kurz vor dem Servieren die Schlagsahne steif schlagen. Mit einem Spatel unter das eiskalte Rhabarbermus ziehen.

Übrigens
Rhabarber schmeckt einfach herrlich zu Erdbeeren. Ersetzen Sie deshalb ruhig 2 oder 3 Hand voll Fruchtwürfel durch Beeren. Je nachdem wie süß die Erdbeeren sind, weniger Zucker zugeben. Im Sommer können Sie dieses schnelle Dessert auch aus Stachelbeeren zubereiten. Dann kommt jedoch nur 1/8 l Flüssigkeit in den Topf. Da die Früchte beim Kochen sowieso zerfallen, können Sie auch Tiefkühlware verwenden.

Fruchtige Grützen & Terrinen

Waldbeerenterrine

Waldbeerenterrine
(Ergibt 6 Portionen)

6 Blatt rote Gelatine,
1/2 l Orangensaft,
2 EL Zucker,
500 g Waldbeeren (Brombeeren, Himbeeren, Walderdbeeren, Heidelbeeren),
Minze

1 Für die Terrine die Gelatine in etwas kaltem Wasser einweichen. Orangensaft leicht erwärmen, Zucker zufügen und auflösen. Gelatine ausdrücken, in den erwärmten Orangensaft geben und auflösen.

2 Eine Terrinenform (ersatzweise Königskuchenform) mit 1 l Inhalt mit Klarsichtfolie auslegen, die Hälfte des Orangensaftes hineingeben und etwa 2 Stunden kalt stellen, bis die Masse fest geworden ist. Konsistenz durch Fingerdruck prüfen.

3 Die Beeren verlesen, sorgfältig waschen, putzen und gut abtropfen lassen. Gleichmäßig auf der fest gewordenen Orangensaftmasse verteilen. Den restlichen Orangensaft darüber gießen. Die Form mit Folie bedecken und erstarren lassen. Am besten über Nacht in den Kühlschrank stellen.

4 Kurz vor dem Servieren die Terrine in Scheiben schneiden. Auf einer großen Platte anrichten und mit gewaschenen Himbeeren und Minzeblättchen dekorieren.

Marzipansauce
(Ergibt 4 Portionen)

1 Ei, 6 EL Zucker,
15 cl Vollmilch,
40 g geschälte, gemahlene Mandeln,
1 EL Rosenwasser (aus der Apotheke)

Das Ei mit dem Zucker, der Milch und den gemahlenen Mandeln vermischen. Im heißen Wasserbad mit dem Schneebesen schön cremig schlagen. Rosenwasser zugeben und im kalten Wasserbad weiterschlagen, bis die Sauce abgekühlt ist.

Übrigens
Im Frühsommer können Sie die Terrine mit kandierten Holunderblüten garnieren. Dazu 6 gerade erblühte Holunderdolden (einen Stiel von etwa 3 cm an den Blüten lassen) waschen und trocken schwenken. 5 Eiweiß mit 6 EL Wasser verrühren. Falls sich Bläschen bilden, diese mit einem Löffel abnehmen. Jede Holunderblüte in das Eiweiß tauchen, abtropfen lassen und mit feinem Zucker bestreuen. Den Stiel jeweils auf eine hakenförmig auseinander gezogene Büroklammer spießen und die kandierten Blüten an einem warmen, trockenen Ort aufhängen. 4 Tage trocknen lassen.

Fruchtige Grützen & Terrinen

Erdbeerdessert mit Gänseblümchen
(Ergibt 4 Portionen)

Für die Blütendekoration:
1 Hand voll frisch gepflückte Gänseblümchen,
1 Eiweiß,
2 EL feiner Zucker

Für das Dessert:
750 g Erdbeeren,
125 g Zucker,
1 TL abgeriebene, unbehandelte Zitronenschale,
1/8 l Weißwein,
1 EL Stärkemehl,
1/8 l Schlagsahne,
1 EL gemahlene Pinienkerne

1 Von den frisch gepflückten Gänseblümchen die Stiele entfernen. Die Blüten säubern. Das Eiweiß leicht aufschlagen, die Blüten mit einer Pinzette hineintauchen und mit Zucker bestreuen. Im vorgeheizten Backofen bei 50 °C trocknen lassen.

2 Für das Dessert die Erdbeeren waschen, putzen und halbieren. In einen Topf geben. Zucker und Zitronenschale untermischen und den Wein angießen. Zum Kochen bringen.

3 Das Stärkemehl in wenig kaltem Wasser anrühren, zum Wein geben, unter Rühren aufkochen lassen. In eine Schüssel füllen und erkalten lassen.

4 Die Sahne steif schlagen. In einen Spritzbeutel mit großer Sterntülle füllen und die Erdbeercreme verzieren. Mit Pinienkernen und verzuckerten Gänseblümchen verzieren.

Rosen in Gelee
(Ergibt 4 Portionen)

Für die Blütendekoration:
4 stark duftende Rosen,
100 g feiner Zucker,
2 Eiweiß

Für das Gelee:
3 Blatt rote Gelatine,
375 g Zucker, 20 frische duftende Rosenblütenblätter,
6 EL Rosenwasser aus der Apotheke, 6 EL Kirschwasser,
Saft von 1 Zitrone,

Außerdem:
Schlagsahne

1 Rosenblütenblätter säubern und vom bitteren Stielansatz befreien. Die Hälfte des Zuckers auf Pergamentpapier geben. Das Eiweiß aufschlagen, die Blütenblätter hineintauchen, in das Zuckerbett legen und mit dem restlichen Zucker bestreuen. Im vorgeheizten Backofen bei 50 °C trocknen lassen.

2 Für das Gelee die Gelatine in kaltem Wasser einweichen. Aus 3/8 l Wasser und Zucker einen Sirup kochen.

3 Die Rosenblütenblätter waschen, vom bitteren Stielansatz befreien und in eine Porzellanschüssel legen. Den heißen Zuckersirup darüber gießen. Zugedeckt abkühlen lassen und anschließend durch ein feines Sieb filtern.

4 Das Rosenwasser leicht erwärmen, die ausgedrückte Gelatine darin auflösen und mit dem Kirschwasser sowie dem Zitronensaft einrühren.

5 Das Gelee in eine Kastenform oder Schale füllen und kalt stellen. Erst kurz vor dem Servieren stürzen. Mit dicken Sahnetupfen und verzuckerten Blütenblättern dekorieren.

Zuckerblüten

Kandieren Sie nur unbehandelte Blüten, die sie im eigenen Garten oder fernab stark befahrener Straßen gepflückt haben. Und denken Sie daran: Nicht alle Blüten sind essbar, auch wenn sie noch so schön aussehen. Auf S. 120 finden Sie eine Auswahl essbarer Blüten.

Kandieren

Einzelne Blütenblätter taucht man mit einer Pinzette in eine Mischung aus Eiweiß und Zitronensaft. Herausheben, abtropfen lassen und in eine dicke Schicht Zucker legen. Zusätzlich von oben mit Zucker berieseln. Zum Trocknen auf Pergamentpapier ausbreiten. Ganze Blütenköpfe mit kurzem Stiel tauchen Sie kopfüber in Eiweiß-Zitronensaft-Mischung und anschließend in ein dickes Zuckerbett. Den Blütenkopf dabei vorsichtig drehen. Die Blume zum Trocknen an einen warmen, trockenen Ort hängen.

Aufbewahren

Völlig trockene Blüten kann man in einer luftdicht verschließbaren Dose aufbewahren. Zwischen die einzelnen Schichten immer eine dicke Lage Seidenpapier legen, damit die zerbrechlichen Blüten nicht aneinander stoßen.

Rosen-Pfirsiche
(Ergibt 10 Portionen)

1 stark duftende Rose,
300 g feiner Zucker,
Saft von 1/2 Zitrone,
1/2 Vanilleschote,
10 weiße Pfirsiche,
10 grob gemahlene Mandeln,
2 EL pürierte Himbeeren,
1 Hand voll Rosenblütenblätter

1 Von der Rose die einzelnen Blütenblätter abzupfen und die bitteren Stielansätze entfernen. Die Blütenblätter in ein Stück Nesselstoff schlagen und dieses wie einen Beutel zubinden.

2 Den Zucker mit 3/4 l Wasser und dem Beutel mit Rosenblättern zum Kochen bringen. 5 Minuten köcheln lassen. Vom Herd nehmen und Zitronensaft sowie das ausgekratzte Vanillemark zugeben. Nach etwa 15 Minuten den Beutel herausfischen und fest auspressen, damit die Blütenblätter ihr volles Aroma an den Sirup abgeben.

3 Pfirsiche entsteinen, vierteln und häuten. Zusammen mit den Mandeln in den Sirup geben; erneut zum Kochen bringen. Köcheln lassen, bis die Pfirsiche ganz weich sind, wenn man mit einer Gabel hineinstickt. Pfirsiche im Topf abkühlen lassen, dann herausheben und kalt stellen.

4 Den Sirup mit den pürierten Himbeeren vermischen und über die Pfirsiche gießen. Mit Blütenblättern dekorieren.

Blütendesserts

Rosen in Gelee

Erdbeerdessert mit Gänseblümchen

Panna Cotta
(Ergibt 4 Portionen)

Für die Creme:
6 Blatt weiße Gelatine,
1/2 l Schlagsahne,
2 EL Zucker, 1 Vanilleschote

Für die Sauce:
2 EL Zucker,
Saft von 3 Zitronen,
1 TL abgeriebene, unbehandelte Zitronenschale,
1/8 l Dessertwein

Außerdem:
2 Nektarinen,
200 g Erdbeeren

1 Die Gelatine in kaltem Wasser einweichen. Währenddessen Schlagsahne mit Zucker und Vanilleschote unter Rühren in einem Topf zum Kochen bringen. Die Schote herausfischen und das Mark auskratzen. Mark zurück in die Sahne geben und alles beinahe auf Zimmertemperatur abkühlen lassen.

2 Gelatine ausdrücken und in die Sahne rühren. Kleine Förmchen mit kaltem Wasser ausspülen, die Sahnemasse einfüllen und über Nacht in den Kühlschrank stellen.

3 Für die Sauce Zucker mit Zitronensaft, Zitronenschale und Dessertwein zum Kochen bringen. 10 Minuten köcheln lassen, bis die Sauce eine sirupartige Konsistenz hat. Nektarinen waschen und in schmale Spalten schneiden. Erdbeeren waschen, entstielen und halbieren. Creme stürzen, die Früchte ringsum anordnen und alles mit Sauce übergießen.

Tiramisù
(Ergibt 4 Portionen)

4 Eigelb,
150 g Zucker,
300 g Mascarpone,
1/2 TL abgeriebene, unbehandelte Zitronenschale,
1/4 l Espresso oder starker Kaffee,
4 EL Cognac oder Kaffeelikör,
1 Pck. Löffelbiskuits,
Kakaopulver

1 Eigelb mit 100 g Zucker in einer Schüssel verrühren. Im heißen Wasserbad so lange schlagen, bis eine cremige Masse entsteht. Mascarpone und Zitronenschale unterziehen. Espresso mit dem restlichen Zucker und dem Alkohol vermischen.

2 Eine Auflaufform mit Löffelbiskuits auslegen. Die Biskuits mit der Kaffeemischung beträufeln. Die Hälfte der Mascarponecreme aufstreichen und mit einer zweiten Lage Biskuits bedecken. Erneut Kaffeemischung aufträufeln und zuletzt mit der restlichen Creme bedecken.

3 Das Tiramisù 3 bis 4 Stunden im Kühlschrank durchziehen lassen. Vor dem Servieren dick mit Kakao bestäuben.

Übrigens
Zwar nicht ganz klassisch, aber ebenso lecker schmeckt es, wenn Sie statt Löffelbiskuits kleine italienische Makronen verwenden und unter den Mascarpone eine Schicht frische Himbeeren geben. Statt dem Cognac: Himbeergeist.

Karamellpudding mit Kumquats

Cremes, Puddings & Co.

Panna Cotta

Karamellpudding mit Kumquats
(Ergibt 4 Portionen)

Für die Kumquats:
500 g Kumquats,
500 g Zucker,
2 Vanilleschoten,
abgeriebene Schale von
1 unbehandelten Zitrone,
6 EL Orangenlikör

Für die Blütendekoration:
100 g Borretschblüten,
300 g Zucker,
1–2 Eiweiß

Für den Pudding:
4 Eigelb, 130 g Zucker,
1 EL Stärkemehl,
1/4 l Milch, Salz,
1/2 TL Zitronensaft,
1/2 l Schlagsahne

1 Die Kumquats waschen und ringsum mit einem Zahnstocher einstechen. Den Zucker und 1/4 l Wasser in einen Topf geben, erhitzen und 5 Minuten sprudelnd kochen lassen. Sofort vom Herd nehmen.

2 Die Früchte in den Sirup geben und 5 Minuten ziehen lassen. Herausnehmen und gründlich abtropfen lassen.

3 Die Vanilleschoten aufschlitzen und mit der Zitronenschale in die Zuckerlösung geben. Den Sirup abkühlen lassen.

4 Die Kumquats in ein großes Einmachglas schichten, die Zuckerlösung mit Zitronenschale und Vanilleschoten sowie den Orangenlikör darüber gießen. Das Glas fest verschließen und zugedeckt eine Woche kühl stellen.

5 Die Borretschblüten mit kochendem Wasser kurz überbrühen und abtropfen lassen. Zucker auf ein Backblech streuen. Die Blüten mit einer Pinzette in das Eiweiß tauchen, abtropfen lassen und in das dicke Zuckerbett legen. Von oben mit Zucker bestreuen. Herausheben und auf Pergamentpapier völlig trocknen lassen.

6 Für den Pudding das Eigelb in eine Schüssel geben und mit 40 g Zucker cremig schlagen. Das Stärkemehl in etwas kalter Milch glatt rühren. Den restlichen Zucker mit dem Zitronensaft und 1 EL Wasser karamellisieren. Dabei darauf achten, dass der Zucker nicht zu dunkel wird. Den Topf mit dem Karamell vom Herd nehmen.

7 Die restliche Milch und 1/4 l Sahne erhitzen, eine Prise Salz zufügen und unter Rühren zum Karamell geben. So lange rühren, bis sich der Karamell völlig aufgelöst hat.

8 Das angerührte Stärkemehl zufügen, alles zum Kochen bringen, kurz aufwallen lassen und mit einem Esslöffel nach und nach unter die Eigelbmasse rühren. Unter Rühren leicht erhitzen, damit sich die Masse bindet. Auskühlen lassen. Die restliche Schlagsahne steif schlagen; unter den Karamellpudding ziehen.

9 Die Kumquats in eine Schüssel legen, den Pudding darüber geben und mit verzuckerten Borretschblüten dekorieren.

Cremes, Puddings & Co.

Mousse au chocolat
(Ergibt 8 Portionen)

2 Eier,
50 g Zucker,
200 ml Sahne,
125 g Zartbitterschokolade

1. Die Eier trennen; Eigelb beiseite stellen. Eiweiß sehr steif schlagen, dabei nach und nach den Zucker einrieseln lassen.

2. Die Sahne ebenfalls steif schlagen. Die Schokolade im heißen Wasserbad schmelzen und mit dem Eigelb verrühren.

3. Zuerst den Eischnee, dann die Sahnemasse unter die Schokolade heben. Nicht rühren, damit die Mousse nicht zusammenfällt. 1 Stunde im Kühlschrank kalt stellen.

Übrigens
Besonders hübsch sieht es aus, wenn Sie eine schwarz-weiß marmorierte Mousse servieren. Dazu bereiten Sie je eine halbe Portion dunkle und helle Mousse und schichten sie abwechselnd in eine große Schüssel. Dann ziehen Sie mit einer Gabel vorsichtig spiralförmig durch die Creme, sodass die beiden Mousses wie der Teig eines Marmorkuchens ineinander laufen. Vor dem Servieren stechen Sie mit zwei Esslöffeln Nocken ab und dekorieren sie mit hellen und dunklen Schokoladenblättern oder Schokoladenspänen auf einer mit Puderzucker bestäubten Platte.

Erdbeermousse
(Ergibt 4 Portionen)

250 g Erdbeeren,
Saft von 1/2 Zitrone,
60 g Zucker,
4 Blatt rote Gelatine,
40 cl Sahne

Erdbeeren waschen, entstielen und pürieren. Mit Zitronensaft und Zucker vermischen. Gelatine einweichen. Ausdrücken und in 10 cl leicht erwärmter Sahne auflösen. 2 EL Erdbeerpüree in die Gelatinesahne geben, dann diese unter die restlichen Erdbeeren mischen. Die restliche Schlagsahne steif schlagen und unter die Erdbeercreme ziehen. Im Kühlschrank kalt stellen.

Teecreme
(Ergibt 6 Portionen)

1/2 l Sahne,
1/8 l starker schwarzer Tee,
65 g Zucker, 5 Eier

Die Sahne in einem Topf zum Kochen bringen und auf die Hälfte reduzieren. Etwas abkühlen lassen; Tee, Zucker, 2 ganze Eier sowie 3 Eigelb einrühren. Durch ein feinmaschiges Haarsieb passieren. In 6 Portionsschälchen füllen. Die Förmchen auf eine tiefes, mit einigen Lagen Küchenkrepp ausgelegtes Backblech stellen und dieses mit warmem Wasser füllen. Die Creme im vorgeheizten Backofen bei 150 °C etwa 25 Minuten garen. Aus dem Ofen nehmen, abkühlen lassen und in den Kühlschrank stellen. Erst unmittelbar vor dem Servieren stürzen.

Pistaziencreme
(Ergibt 8 Portionen)

125 g Pistazien,
60 g Schlagsahne,
125 g Zucker, 4 Eier,
grüne Speisefarbe

1. Pistazien schälen und mit kochendem Wasser überbrühen. Die Häutchen mit den Fingern entfernen und die bloßen Kerne im Mörser grob zerstoßen.

2. Sahne und Zucker erhitzen. So lange köcheln, bis sich der Zucker völlig gelöst hat. Die Pistazien zugeben, noch einmal alles aufkochen lassen; dann vom Herd nehmen.

3. 1 ganzes Ei und 3 Eigelb vermischen. Die lauwarme Sahne und einige Tropfen Speisefarbe unterrühren. Die Creme durch ein feinmaschiges Haarsieb streichen, um geronnenes Eiweiß zu entfernen. In 8 Portionsschälchen füllen.

4. In ein tiefes, mit Küchenkrepp ausgelegtes Backblech stellen und dieses mit warmem Wasser füllen. Im vorgeheizten Backofen bei 150 °C etwa 20 Minuten garen, bis die Creme auf Fingerdruck nur noch schwach nachgibt. Leicht abkühlen lassen und bis zum Servieren in den Kühlschrank stellen.

Übrigens
Eine dicke Lage Küchenkrepp oder Zeitungspapier in der Wasserpfanne verhindert, dass das kochende Wasser in die Creme spritzt.

Mousse au chocolat

Cremes, Puddings & Co.

Weiße Schokoladenmousse

Weiße Schokoladenmousse
(Ergibt 8 Portionen)

125 g weiße Schokolade,
1/4 l Schlagsahne,
1 Eigelb,
40 g Zucker,
Puderzucker,
Johannisbeeren

1 Die Schokolade zerkleinern, 2 EL Schlagsahne zufügen und im Wasserbad schmelzen.

2 Das Eigelb mit einem Esslöffel im Wasserbad so lange schlagen, bis die Masse cremig ist. Die Schokoladenmasse unter die Eicreme heben.

3 Die restliche Schlagsahne mit dem Zucker steif schlagen und unter die Schokoladen-Ei-Masse ziehen. Nicht rühren, damit die Masse nicht in sich zusammenfällt. Alles in eine Schüssel füllen und 1 Stunde kalt stellen.

4 Einen Esslöffel in heißes Wasser tauchen. Damit von der Mousse 8 Nocken abstechen. Auf einer mit Puderzucker bestäubten Platte anrichten und mit Johannisbeerrispen garnieren.

Übrigens
Gerade zu heller Mousse schmecken Fruchtsaucen besonders gut. Passend zu den roten Beeren sollten Sie es einmal mit Aprikosenmark versuchen. Früchte überbrühen, häuten, entkernen und pürieren. Eventuell nachsüßen.

Cremes, Puddings & Co.

Veilchencreme
(Ergibt 4 Portionen)

Für die Blütendekoration:
1 Hand voll Veilchenblüten,
150 g Zucker,
1 Eiweiß

Für die Creme:
4 Hand voll frisch gepflückte
Veilchenblüten, 300 g Zucker,
6 Blatt weiße Gelatine,
3 EL Korn, 1 l Schlagsahne,
Mandelaroma

1 Für die Dekoration die Veilchenblüten überbrühen und abtropfen lassen. Den Zucker auf ein Backblech streuen. Die Blüten mit einer Pinzette fassen; erst in Eiweiß, dann in Zucker tauchen, abtropfen lassen. Auf Pergamentpapier trocknen lassen.

2 Die gut gewaschenen Veilchenblüten entblättern und in eine Porzellanschüssel legen. Den Zucker mit 1/2 l Wasser zu Sirup kochen, die Blättchen damit übergießen. Zugedeckt über Nacht stehen lassen, dann durch ein Leinentuch filtern; die Flüssigkeit auffangen.

3 Für die Creme die Gelatine in wenig kaltem Wasser einweichen. Ausdrücken, in leicht erwärmtem Korn auflösen und zum Veilchensirup geben.

4 Die Sahne steif schlagen und unterheben. Eine Schüssel mit Mandelaroma auspinseln, die Creme einfüllen und mindestens 2 Stunden im Kühlschrank kalt stellen. Kurz vor dem Servieren stürzen und rundum mit verzuckerten Veilchen garnieren.

Weintrauben mit Orangengelee
(Ergibt 4 Portionen)

12 Blatt weiße Gelatine,
500 g grüne Weintrauben,
250 g blaue Weintrauben,
4 Orangen,
1 l frisch gepresster
Orangensaft,
150 g Zucker,
Saft von 1 Zitrone,
100 ml weißer Portwein,

Außerdem:
1 Hand voll grüne Weintrauben, 1 Eiweiß,
2 EL feiner Zucker

1 Die Gelatine in kaltem Wasser einweichen. Die Weintrauben waschen, halbieren und mit einem spitzen Messer entkernen. Die Orangen schälen und filieren.

2 1/4 l Orangensaft erwärmen, den Zucker und die ausgedrückte Gelatine unter Rühren darin auflösen, den restlichen Orangensaft zugießen, Zitronensaft und Portwein einrühren.

3 Die Früchte in eine Form schichten, das Orangengelee darüber gießen. Kalt stellen.

4 Für die Dekoration die Weintrauben säubern, in ungeschlagenes Eiweiß tauchen, in Zucker wälzen und auf Backpapier völlig trocknen lassen.

5 Sobald das Gelee erstarrt ist, die Form kurz in heißes Wasser tauchen und auf eine Platte stürzen. Mit verzuckerten Weintrauben dekorieren.

Sektgelee
(Ergibt 4 Portionen)

20 Blatt weiße Gelatine,
4 EL Zucker,
1/4 l frisch gepresster Orangensaft, Saft von 3 Zitronen,
2 Flaschen trockener Sekt,
Filets von 6 Orangen,
Kapuzinerkresseblüten

1 Die Gelatine in kaltem Wasser einweichen. Den Zucker mit dem Orangen- und Zitronensaft in einen Topf geben. Erwärmen, bis sich der Zucker vollständig aufgelöst hat.

2 Die Gelatine ausdrücken, zum Saft geben und sorgfältig verrühren. Abkühlen lassen und den Sekt zufügen.

3 Die Orangenfilets in Sektgläsern verteilen, das Gelee darüber geben und an einem kühlen Platz erstarren lassen. Vor dem Servieren mit Kapuzinerkresseblüten verzieren.

Gelee Rot-Weiß
(Ergibt 6 Portionen)

15 g weiße Gelatine,
400 g feinen Kristallzucker,
6 EL Johannisbeerpüree,
6 EL Zitronensaft

Gelatine und Zucker in 40 cl Wasser erhitzen und auflösen; nicht kochen lassen. Die eine Hälfte mit Johannisbeerpüree, die andere mit Zitronensaft mischen. Abwechselnd in eine Terrinenform gießen. Jede Schicht erstarren lassen. Kurz vor dem Servieren aus der Form stürzen und in Scheiben schneiden.

Mascarponecreme
(Ergibt 4 Portionen)

150 g Haselnüsse,
6 Eigelb,
150 g Puderzucker,
8 cl Grappa,
600 g Mascarpone,
150 g Pistazien,
1 EL Kakaopulver,
1 EL Puderzucker

1 Die Haselnusskerne auf ein Backblech legen und im vorgeheizten Backofen bei 180 °C etwa 8 Minuten rösten. Die Nüsse in einen Gefrierbeutel füllen. Mit dem Nudelholz mehrmals über den gefüllten Beutel fahren, um die Nüsse grob zu zerdrücken.

2 Eigelb, Puderzucker und Grappa in eine Schüssel füllen und mit dem Handrührgerät cremig schlagen. Nach und nach den Mascarpone unterschlagen. In eine Schüssel oder Portionsgläser füllen und 2 Stunden im Kühlschrank kalt stellen.

3 Vor dem Servieren die Pistazien grob hacken, mit den Haselnüssen vermischen und gleichmäßig auf die Mascarponecreme streuen. Mit Kakao und Puderzucker bestäuben.

Beerensauce
(Ergibt 4 Portionen)

500 g Himbeeren oder
Erdbeeren,
3 EL Zucker,
Zitronensaft

Beeren mit Zucker langsam erhitzen. 5 Minuten köcheln lassen. Pürieren. Mit Zitronensaft abschmecken.

Cremes, Puddings & Co.

Veilchencreme

Weintrauben mit Orangengelee

Sektgelee

Mascarponecreme

Quarkspeise

Zabaione

Quarkspeise
(Ergibt 4 Portionen)

3 Blatt weiße Gelatine,
6 EL Himbeerlikör,
2 Eier,
3 EL Puderzucker,
500 g Quark,
1/4 l Schlagsahne,
500 g Himbeeren,
200 g Brombeeren,
2 Nektarinen,
Saft von 1 Zitrone,
Zitronenmelisse

1 Gelatine in kaltem Wasser einweichen, ausdrücken und im leicht erwärmten Himbeerlikör auflösen. Eier und 2 EL Puderzucker verrühren und im heißen Wasserbad ganz leicht erwärmen. Die gelöste Gelatine unterrühren.

2 Den Quark in eine Schüssel geben, mehrmals durchrühren. 2 EL in die warme Ei-Gelatine-Masse rühren und diese dann unter den Quark ziehen. Schlagsahne steif schlagen und unterheben. Die Quarkmasse kalt stellen.

3 Währenddessen die Beeren vorsichtig waschen und gut abtropfen lassen. Die Nektarinen in feine Spalten schneiden. Zitronensaft und restlichen Puderzucker gut miteinander verrühren und die Früchte darin marinieren. Kurz vor dem Servieren die Quarkspeise aus dem Kühlschrank nehmen und das marinierte Obst darauf geben. Mit Zitronenmelisse garnieren.

Übrigens

Im Winter können Sie für diese Quarkspeise anstelle der Beeren Ananas, Bananen, Kiwis und Kumquats verwenden. Im Frühling schmeckt das Dessert mit Erdbeeren besonders gut.

Wer es gerne noch etwas fruchtiger mag, kann statt der frischen Früchte auch Kompott, Mus oder Fruchtpüree unter die zarte Quarkcreme ziehen. Diese Variante ist vor allem dann ideal, wenn Sie sehr reifes oder weiches Obst verarbeiten wollen. Auch tiefgefrorene Früchte sollten aus optischen Gesichtspunkten erst püriert werden, ehe man sie in den Quark gibt.

Zabaione
(Ergibt 4 Portionen)

6 Eigelb, 100 g Puderzucker,
6 EL Marsalawein, Erdbeeren,
Zitronenmelisse

1 Eigelb, Puderzucker und Marsalawein in einer Schüssel verrühren, ins heiße Wasserbad stellen und weiterschlagen, bis eine dickflüssige Creme entsteht.

2 Die Weincreme im kalten Wasserbad so lange weiterschlagen, bis sie völlig ausgekühlt ist.

3 In Portionsgläser füllen und mit gewaschenen halbierten Erdbeeren und Zitronenmelisse verzieren.

Cremes, Puddings & Co.

Melonenkaltschale
(Ergibt 4 Portionen)

2 reife Galiamelonen,
Saft von 2 Zitronen,
1/4 l Weißwein,
2 EL Honig,
3 EL Orangenlikör,
150 g grüne Weintrauben,
4 Aprikosen,
Zitronenmelisse

1. Die Melonen halbieren, entkernen und aus der Hälfte des Fruchtfleisches Kugeln ausstechen.

2. Das restliche Fruchtfleisch mit einem Esslöffel aus der Schale lösen, in eine Schüssel geben, mit dem Zitronensaft, Weißwein, Honig und Orangenlikör pürieren und mindestens 2 Stunden in den Kühlschrank stellen.

3. Die Weintrauben und die Aprikosen waschen, halbieren und entkernen. Trauben, Aprikosen und Melonenkugeln in eine Schale füllen, das Melonenpüree kräftig schlagen und über den Früchten verteilen. Mit Zitronenmelisse hübsch verzieren.

Übrigens
Wenn Sie wenig Zeit haben, versuchen Sie es einmal mit diesem Melonendessert: Aus einer reifen Honigmelone Kugeln ausstechen, mit 1–2 EL Zucker bestreuen und in den Kühlschrank stellen. Kurz vor dem Servieren die Melonenkugeln in vier Stielgläser verteilen; mit dem gesammelten Saft sowie eiskaltem Portwein auffüllen.

Sauerkirschkaltschale
(Ergibt 4 Portionen)

1,5 kg entsteinte Sauerkirschen,
1/2 unbehandelte Zitrone,
200 g Zucker,
kleines Stück Zimtstange,
30 g Stärkemehl,
1/4 l Weißwein,
1 Gläschen Kirschwasser,
Mandelmakronen

1. 1 kg Sauerkirschen in einen Topf geben. Die Zitrone dünn abschälen, die Schale mit 150 g Zucker und dem Zimt zu den Kirschen geben. 1 1/4 l Wasser angießen, alles zum Kochen bringen und auf kleiner Flamme etwa 5 Minuten köcheln lassen. Zimtstange und Zitronenschale herausfischen und den Topf vom Herd nehmen.

2. Das Stärkemehl in etwas kaltem Wasser glatt rühren. Die warme Kirschmasse im elektrischen Mixer oder durch eine Flotte Lotte pürieren, dann erneut zum Kochen bringen und mit dem Stärkemehl binden. Kalt stellen.

3. Die restlichen Kirschen mit Zucker in wenig Wasser 5 Minuten garen. Vom Herd nehmen, den Weißwein zufügen und das Kompott restlos auskühlen lassen.

4. Das Kirschwasser unter das erkaltete Kirschkompott mischen und die Früchte in eine hübsche Schüssel füllen. Die pürierte Kirschmasse darüber geben. Die Kaltschale mit Makronen dekorieren.

Melonenkaltschale · Sauerkirschkaltschale

Pfirsichsalat
(Ergibt 4 Portionen)

6 Pfirsiche,
Saft von 1 Zitrone,
2 EL Zucker,
4 EL Weißwein,
150 g Himbeeren,
Minzeblättchen

1 Die Pfirsiche kurz in heißes Wasser legen, herausnehmen und die Haut abziehen.

2 Dann die Früchte in kleine Würfel schneiden. Zitronensaft, Zucker und Weißwein darüber geben. Zugedeckt 1 Stunde im Kühlschrank ziehen lassen.

3 Vor dem Servieren mit gewaschenen Himbeeren und Minzeblättchen garnieren.

Winterlicher Obstsalat
(Ergibt 4 Portionen)

4 unbehandelte Orangen,
1 rosa Grapefruit,
2 Bananen, 2 Kiwis,
1 EL Zucker,
100 g Crème fraîche,
1 EL Zitronensaft,
1 EL geröstete Mandelblättchen

1 Von 3 Orangen sowie von der Grapefruit die Schale und die weiße Innenhaut mit dem Messer entfernen. Die einzelnen Filets aus den Trennhäuten lösen und halbieren.

2 Die letzte Orange unter heißem Wasser waschen, abtrocknen und dünn schälen; Schale beiseite stellen. Die weiße Innenhaut wegschneiden und ebenfalls die Filets auslösen und halbieren.

3 Bananen und Kiwis schälen und in Scheiben schneiden. Das Obst in eine Schüssel füllen und mit Zucker bestreuen.

4 Crème fraîche mit Zitronensaft verrühren und über das Obst gießen. Die dünne Orangenschale in feine Streifen schneiden und zusammen mit den Mandeln auf den Obstsalat streuen.

Übrigens
Dieser Obstsalat lässt sich je nach Jahreszeit abwandeln. Die Sauce schmeckt zu Beeren ebenso gut wie zu Sommerfrüchten.

Melonensalat
(Ergibt 8 Portionen)

1 Honigmelone,
Saft von 1/2 Zitrone,
1 kleine Wassermelone,
1 reife Papaya,
2 Nektarinen, Zucker,
ungespritzte Rosenblüten

1 Von der Honigmelone mit einem großen Messer den oberen Teil wie einen Deckel abschneiden. Die in der Mitte liegenden, zahlreichen hellen Kerne mit einem Esslöffel herausheben. Aus 2/3 des Fruchtfleisches mit dem Kugelausstecher Kugeln herauslösen. Die Melonenkugeln in eine große Schüssel geben. Das restliche Fleisch mit einem Messer oder Esslöffel herauskratzen und im Mixer pürieren. Püree mit Zitronensaft vermischen.

Pfirsichsalat

Winterlicher Obstsalat

Obstsalat mit Zitronensirup

Melonensalat

2 Die Wassermelone zerteilen. Das Fruchtfleisch von der Schale lösen und in kleine Würfel schneiden. Dabei alle Kernchen entfernen. Zu den Melonenkugeln geben.

3 Papaya halbieren, entkernen, häuten und in Würfel schneiden. Zu den Melonen geben. Nektarinen blanchieren und häuten. Vierteln, entkernen und in Spalten schneiden. Zu den Früchten geben.

4 Das Melonenpüree vorsichtig unter den Fruchtsalat heben. Eventuell mit etwas Zucker nachsüßen. Den Fruchtsalat in die ausgehöhlte Melone füllen, mit einzelnen Rosenblüten dekorieren.

Obstsalat mit Zitronensirup
(Ergibt 4 Portionen)

100 g Zucker,
Saft von 2 Zitronen,
1 Vanilleschote,
1 TL abgeriebene, unbehandelte Zitronenschale,
2 Mangos,
2 Kiwis,
2 Orangen,
2 rosa Grapefruits,
Zitronenmelisse

1 Den Zucker mit 100 ml Wasser in einen Topf geben. Zitronensaft und ausgekratztes Vanillemark zufügen. Die Mischung erhitzen und etwa 10 Minuten auf kleiner Hitze leicht köcheln lassen, bis der Sirup Fäden zieht. Zitronenschale einrühren.

2 Mangos schälen und in Spalten vom Stein lösen. Das Fruchtfleisch in feine Würfel schneiden. Orangen und Grapefruits schälen, dabei auch die weiße Haut wegschneiden. Die Fruchtfilets aus den Trennhäuten lösen.

3 Früchte in eine Schüssel füllen und mit dem Sirup begießen. Zugedeckt 1 Stunde im Kühlschrank ziehen lassen. Kurz vor dem Servieren mit Zitronenmelisse garnieren.

Übrigens
Der Zitronensirup kann gut im Voraus zubereitet werden. In einem Schraubglas hält er sich im Kühlschrank mehrere Tage.

Vollwert-Obstsalat
(Ergibt 4 Portionen)

3 Orangen, 2 Äpfel,
1 Birne, 6 Feigen,
6 Datteln, Saft von 1 Zitrone,
1/4 l Schlagsahne,
2 TL Zucker,
100 g gehackte Nüsse

Die Orangen schälen und die weiße Innenhaut wegschneiden. Die einzelnen Filets auslösen und halbieren. Äpfel und Birne schälen und vierteln. Das Kerngehäuse entfernen und das Fruchtfleisch in feine Spalten schneiden. Feigen und Datteln fein würfeln. Alle Früchte mit Zitronensaft marinieren. Die Sahne mit dem Zucker steif schlagen und unterziehen. Mit gehackten Nüssen bestreuen.

Obstsalate

Heidelbeer-Schmandkuchen

Heidelbeer-Schmandkuchen
(Ergibt 8 Stück)

Für den Teig:
300 g Mehl,
20 g Hefe,
50 g Zucker,
1/8 l Milch,
80 g Butter, 1 Ei,
Butter für das Backblech

Für den Belag:
1 kg Heidelbeeren,
500 g trockener Quark,
1/8 l Milch,
1 Ei, 2 EL Stärkemehl,
3 EL Zucker,
1/2 TL abgeriebene, unbehandelte Zitronenschale,
Saft von 1/2 Zitrone

Für den Guss:
500 ml Schmand,
2 Eier, 100 g Zucker

1 Für den Teig das Mehl in eine Schüssel sieben und in die Mitte eine Vertiefung drücken. Die Hefe mit 1 EL Zucker in etwas lauwarmer Milch verquirlen, in die Vertiefung gießen. Etwas Mehl darüber stäuben. Zugedeckt an einem lauwarmen Ort etwa 30 Minuten gehen lassen.

2 Auf dem Mehlrand den restlichen Zucker, die Butter in Flöckchen und das Ei verteilen. Die Zutaten von der Mitte her zu einem glatten Teig verkneten, dabei die restliche Milch einarbeiten. Zudecken und nochmals 1 Stunde gehen lassen.

3 Den Teig zusammenschlagen, durchkneten und auf der bemehlten Arbeitsfläche ausrollen. Ein Backblech buttern, den ausgerollten Teig auflegen und einen Rand hochziehen.

4 Für den Belag Heidelbeeren waschen und abtropfen lassen. Den Quark in eine Schüssel geben und mit Milch, Ei, Stärkemehl, Zucker, Zitronenschale und Zitronensaft verrühren.

5 Die Quarkmasse abschmecken, gleichmäßig auf den Teig streichen und mit den Heidelbeeren belegen.

6 Für den Guss den Schmand mit Eiern und Zucker verrühren und die Heidelbeeren damit überziehen. Im vorgeheizten Backofen bei 200 °C etwa 35 Minuten backen. Aus dem Ofen nehmen, abkühlen lassen und in Portionsstücke schneiden.

Übrigens
Im Winter können Sie den Hefeteig auch mit einer Quark-Rosinen-Mischung belegen. Vermischen Sie dazu den Quark mit 100 g Rosinen, 3 Eigelb, 4 EL Weinbrand, 50 g geschmolzener Butter, 125 g Zucker, 2 EL Milch, 1 EL Stärkemehl und 2 EL Zitronensaft. Statt des Schmandgusses bedecken Sie den Kuchen dann mit einer Schicht knuspriger Streusel aus je 100 g Mehl, Zucker und Butter sowie einer kräftigen Prise Zimt.

Süße Blechkuchen

Schneewittchenkuchen

Schneewittchenkuchen

(Ergibt 8 Stück)

Für den Teig:
300 g Butter,
300 g Zucker,
6 Eier, 300 g Mehl,
2 EL Stärkemehl,
1 Pck. Backpulver,
3 EL Kakao,
1,5 kg entsteinte Sauerkirschen,
Butter für das Backblech

Für die Creme:
1 Pck. Vanillepudding,
100 g Zucker,
1/2 l Milch,
250 g Butter,
250 g geraspelte Zartbitterschokolade

1 Butter in einer Schüssel schaumig schlagen; dabei nach und nach den Zucker und die Eier unterrühren. Mehl, Stärkemehl und Backpulver vermischen, auf die Buttermasse sieben und unterrühren. Unter eine Hälfte des Teigs den Kakao rühren.

2 Ein Backblech ausbuttern, den dunklen Teig darauf geben und glatt streichen. Den hellen Teig darüber geben und mit Sauerkirschen belegen. Im vorgeheizten Backofen bei 180 °C etwa 45 Minuten backen. Herausnehmen und auskühlen lassen.

3 Für die Creme das Puddingpulver mit Zucker und etwas Milch anrühren. Die restliche Milch zum Kochen bringen, den Pudding zugeben und alles unter Rühren aufkochen lassen. Den Pudding vom Herd nehmen und auf Zimmertemperatur abkühlen lassen. Dabei mehrmals umrühren, damit sich keine Haut bildet. Die Butter schaumig schlagen und den Pudding esslöffelweise unterrühren.

4 Die Buttercreme auf den Kuchen streichen und mit geraspelter Schokolade verzieren.

Übrigens

Statt der Puddingcreme können Sie den Blechkuchen auch mit einer dicken Schicht Sahne bestreichen. Mit Vanillezucker süßen.

Leckere Cremevariante:

Sahnequarkcreme

4 Eigelb, 125 g Zucker,
1 Pck. Vanillezucker,
3 Blatt weiße Gelatine,
500 g Quark,
200 g Crème fraîche,
1/4 l Schlagsahne,
100 g Sauerkirschen

Eigelb, Zucker und Vanillezucker cremig schlagen. Gelatine in 3 EL kaltem Wasser einweichen, erhitzen und auflösen. Zur Eiercreme geben; 2 Stunden kalt stellen. Quark mit Crème fraîche und Eiercreme mischen. Sahne steif schlagen; unterziehen. Die Masse auf den ausgekühlten Teig streichen. Kirschen abtropfen lassen; auf die Creme geben.

Süße Blechkuchen

Zwetschenkuchen
(Ergibt 8 Stück)

Für den Teig:
350 g Mehl,
25 g Hefe,
100 g Zucker,
200 ml Milch, 1 Prise Salz,
100 g Butter, 1 Ei,
1/2 TL abgeriebene, unbe-
handelte Zitronenschale,
1 Msp. Muskat,
Butter für das Backblech

Für den Belag:
2 kg Zwetschen,
100 g Zucker

1 Mehl in eine Schüssel
sieben; in die Mitte eine
Vertiefung drücken. Die
Hefe mit 1 EL Zucker in
etwas lauwarmer Milch verquirlen, in die Vertiefung
gießen und etwas Mehl darüber stäuben. Zugedeckt an
einem warmen Ort etwa
30 Minuten gehen lassen.

2 Den restlichen Zucker,
Salz, Butter in Flöck-
chen, Ei, Zitronenschale und
Muskat auf dem Mehl ver-
teilen und von der Mitte
her zu einem glatten Teig
verkneten. Dabei die restliche Mich einarbeiten. Zugedeckt nochmals 1 Stunde
gehen lassen.

3 Den Teig zusammen-
schlagen, durchkneten
und ausrollen. Das Back-
blech ausbuttern, den Teig
darauf geben und einen
Rand hochziehen.

4 Die Zwetschen waschen,
halbieren und entstei-
nen. Auf dem Teig verteilen
und mit Zucker bestreuen.
Im vorgeheizten Backofen
bei 200 °C etwa 35 Minuten
backen.

Dresdner Eierschecke
(Ergibt 8 Stück)

Für den Teig:
50 g Mehl, 30 g Hefe,
125 g Zucker,
1/4 l Milch,
200 g Butter,
1 Pck. Vanillezucker,
1 Prise Salz,
Butter für das Backblech

Für den Belag:
150 g Butter,
300 g Zucker,
8 Eier, 1 kg Quark,
1 Pck. Vanillepudding,
1/2 TL abgeriebene, unbehandelte Zitronenschale,
1 Prise Salz,
1 EL geriebene Mandeln,
1 EL Stärkemehl,
3 EL Weinbrand

1 Das Mehl in eine Schüssel sieben und in die
Mitte eine Vertiefung drücken. Hefe mit 1 TL Zucker
in etwas lauwarmer Milch
lösen und in die Mulde
gießen. Zudecken und an
einem warmen Ort 30 Mi-
nuten gehen lassen.

2 Die in Stücke geschnittene Butter, den restlichen
Zucker, Vanillezucker, die
restliche Milch und das Salz
auf dem Mehl verteilen und
alles von der Mitte her gut
durchkneten. Zugedeckt eine
weitere Stunde gehen lassen

3 Ein Backblech buttern.
Den Teig nochmals
durchkneten, ausrollen, auf
das Blech geben und einen
Rand hochziehen.

4 Für den Belag 100 g Butter schaumig schlagen.
Nach und nach 200 g Zucker,
3 Eier, Quark, Puddingpulver, Zitronenschale, Salz und

Mandeln einrühren. Die
Masse gleichmäßig mit
einem Spatel auf den Teig
streichen.

5 Restlichen Zucker, Eier
und Butter mit Stärke-
mehl verrühren; Weinbrand
zugeben. Die Masse im heißen Wasserbad schaumig
schlagen. Die dicke Creme
über die Quarkmasse ziehen
und den Kuchen im vorge-
heizten Backofen bei 200 °C
etwa 45 Minuten backen.
Wird die Eiercreme zu dunkel, mit Alufolie bedecken.

Übrigens
Schneller geht es, wenn Sie
für den Belag 125 g Rosi-
nen waschen, abtropfen
lassen und mit 3 EL Rum
beträufeln. Je 200 g Butter
und Zucker mit 8 Eiern
schaumig schlagen, mit
Rumrosinen und 150 g
gehackten Mandeln vermi-
schen und auf dem Teig
verteilen. Vorsicht: Dieser
Kuchen ist bereits nach
25 Minuten (200° C) fertig.

Einfrieren
Blechkuchen lassen sich
problemlos einfrieren.
Dazu die einzelnen Por-
tionsstücke in Gefrierbeutel
füllen und diese gut ver-
schließen. Bei Bedarf die
Kuchenstücke auftauen.
Eventuell im vorgeheizten
Backofen bei 160 °C einige
Minuten aufwärmen.

Streuselkuchen
(Ergibt 8 Stück)

Für den Teig:
100 g Rosinen,
3 EL Rum, 30 g Hefe,
2 EL Zucker, 1/4 l Milch,
500 g Mehl,
1 Prise Salz,
125 g Butterschmalz

Für den Belag:
Je 250 g Zucker,
Mehl und Butterschmalz,
Butter für das Backblech,
100 g zerlassene Butter

1 Rosinen mit Rum be-
träufeln. Hefe mit 1 TL
Zucker und etwas lauwar-
mer Milch verquirlen.

2 Mehl in eine Schüssel
sieben, in die Mitte eine
Vertiefung drücken. Hefe-
milch hineingießen, mit
Mehl bestäuben und 30 Mi-
nuten gehen lassen. Restlichen Zucker, Salz, Butterschmalz und Rumrosinen
auf dem Mehl verteilen und
alles zu einem glatten Teig
verkneten. Dabei die restliche Milch einarbeiten. Zugedeckt eine weitere Stunde
gehen lassen.

3 Den Teig nochmals kräf-
tig durchkneten. Ein
Backblech buttern und den
Teig darauf ausrollen; einen
Rand hochziehen. Mehrmals
mit der Gabel einstechen.

4 Für die Streusel Zucker,
Mehl und Butter-
schmalz mit den Händen
vermengen. Die Hälfte mit
Kakao aromatisieren. Streusel auf dem Teig verteilen.
Im vorgeheizten Backofen
bei 200 °C etwa 30 Minuten
backen. Sofort mit zerlasse-
ner Butter beträufeln.

Süße Blechkuchen

Zwetschenkuchen

Dresdner Eierschecke

Kokosmuffins
(Ergibt 12 Stück)

1 Ei, 150 g Zucker,
100 ml Sonnenblumenöl,
350 ml Limonen-Buttermilch,
50 g Kokosflocken,
abgeriebene, unbehandelte
Schale von 1 Zitrone,
250 g Mehl,
3 TL Backpulver,
Öl für die Form

Für den Guss:
Saft von 1/2 Zitrone,
150 g Puderzucker,
Kokosflocken

1 Ei, Zucker, Öl und Buttermilch gut miteinander verrühren. Kokosflocken und Zitronenschale zugeben. Mehl mit Backpulver vermischen, über die Masse sieben und gründlich unterrühren.

2 Ein Muffinblech ölen und den Teig gleichmäßig einfüllen. Im vorgeheizten Backofen bei 160 °C etwa 25 Minuten backen. Herausnehmen, etwas abkühlen lassen und die Muffins aus der Form lösen. Völlig auskühlen lassen.

3 Zitronensaft und Puderzucker verrühren und die Muffins mit dem Guss glasieren. Mit Kokosflocken dekorieren.

Übrigens
Besonders hübsch sieht es aus, wenn Sie den Guss mit ein paar Tropfen Speisefarbe bunt einfärben. Mit aufgespritzten Namen aus Zuckerguss werden die Muffins bei kleineren Einladungen zu lustigen »Tischkärtchen«.

Blaubeermuffins
(Ergibt 12 Stück)

200 g Blaubeeren,
2 Eier, 100 ml Öl,
150 g Zucker,
1 Pck. Vanillezucker,
300 ml Milch,
250 g Mehl,
3 TL Backpulver,
Öl für die Form

Blaubeeren waschen und abtropfen lassen. Eier mit Öl, Zucker, Vanillezucker und Milch schaumig rühren. Mehl, Backpulver und Blaubeeren untermischen. Muffinblech ölen und den Teig in den Förmchen verteilen. Im vorgeheizten Backofen bei 160 °C etwa 35 Minuten goldgelb backen.

Schokomuffins
(Ergibt 12 Stück)

2 Eier, 150 g Zucker,
4 EL Kakaopulver,
100 ml Sonnenblumenöl,
250 ml Milch,
250 g Mehl,
3 TL Backpulver,
100 g Vollmilchschokolade,
Öl für die Form

Eier mit Zucker, Kakaopulver, Öl und Milch schaumig schlagen. Mehl und Backpulver unterrühren. Muffinblech ölen und den Teig einfüllen. Im vorgeheizten Backofen bei 160 °C etwa 25 Minuten backen. Muffins auf einem Kuchengitter abkühlen lassen. Schokolade im Wasserbad schmelzen. Die Muffins kopfüber in die geschmolzene Schokolade tauchen, abtropfen lassen und zum Trocknen auf ein Kuchengitter setzen.

Bananenmuffins
(Ergibt 12 Stück)

1 Ei, 150 g Zucker,
100 ml Sonnenblumenöl,
250 ml Milch, 200 g Mehl,
3 TL Backpulver,
2–3 Bananen,
Saft von 1/2 Zitrone,
Öl für die Form

1 Ei, Zucker, Öl und Milch schaumig rühren. Mehl und Backpulver darüber sieben und alles gut miteinander vermischen.

2 Bananen schälen und im Mixer pürieren. Mit etwas Zitronensaft beträufeln, damit sich das Fruchtfleisch nicht verfärbt. Unter den Teig mischen.

3 Ein Muffinblech ölen und mit Mehl bestäuben. Den Teig gleichmäßig einfüllen. Die Muffins im vorgeheizten Backofen bei 160 °C etwa 25 Minuten backen. Aus dem Ofen nehmen, etwas abkühlen lassen und noch warm aus der Form lösen.

Übrigens
Ob Sie lieber Milch oder Buttermilch in den Teig geben, hängt von Ihrem Geschmack ab. Gerade bei Buttermilch bietet der Einzelhandel viele verschiedene Geschmacksvarianten an. Mit solch einer Fruchtbuttermilch lässt sich das Aroma der Muffins ganz leicht abwandeln. Probieren Sie beispielsweise Mehrfruchtgeschmack für die Bananenmuffins oder Erdbeerbuttermilch für die Blaubeermuffins.

Schokomuffin

Blaubeermuffin

Leckere Muffins

Kokosmuffin

Mandelmuffins
(Ergibt 12 Stück)

100 ml Sonnenblumenöl, 1 Ei, 250 ml Milch, 1 EL Rosenwasser, 1–2 Tropfen Bittermandelaroma, 150 g Zucker, 250 g Mehl, 3 TL Backpulver, 60 g gehäutete, gemahlene Mandeln, Öl für die Form

Ei, Öl, Milch, Rosenwasser, Mandelaroma und Zucker schaumig schlagen. Mehl und Backpulver untermischen. Eine Muffinform ölen. Den Teig einfüllen und im vorgeheizten Backofen bei 160 °C etwa 25 Minuten goldgelb backen.

Weihnachtsmuffins
(Ergibt 12 Stück)

1 Ei, 100 ml Sonnenblumenöl, 300 ml Milch, 150 g Zucker, 1 TL Zimt, 2 TL Vanillezucker, 250 g Mehl, 3 TL Backpulver, 100 g gehackte Vollmilchschokolade, je 1 EL Orangeat und Zitronat, 200 g Vollmilchschokolade, 12 Walnusshälften, Öl für die Form

Ei, Öl, Milch, Zucker, Zimt und Vanillezucker schaumig schlagen. Mehl und Backpulver einrühren. Schokolade und Früchte unterheben. Ein Muffinblech ölen. Den Teig gleichmäßig einfüllen. Im vorgeheizten Ofen (160 °C) etwa 25 Minuten backen. Schokolade im Wasserbad schmelzen. Muffins auf eine Gabel spießen und nacheinander in die geschmolzene Schokolade tauchen. Abtropfen lassen und mit je einer halben Walnuss dekorieren.

Leckere Muffins

Erdbeerbowle

750 g Walderdbeeren,
10 Blättchen Zitronenmelisse,
1 Prise Salz,
2 Flaschen leichter, gut gekühlter Weißwein,
2 Flaschen trockener, gut gekühlter Sekt

Die Erdbeeren waschen, abtropfen lassen und von den Stielen befreien. Die Melisseblättchen waschen und trockentupfen. Erdbeeren und Melisseblättchen in ein Bowlengefäß legen, Salz aufstreuen, den Weißwein aufgießen. Das Bowlengefäß zudecken und mindestens 3 Stunden kühl stellen. Vor dem Servieren den gut gekühlten Sekt zugießen.

Übrigens
Damit die Bowle richtig erfrischt, sollte sie eine Temperatur von 5 bis 8 °C haben. Auf keinen Fall Eisstückchen zum Kühlen in die Bowle geben. Besser ist es, das Bowlengefäß auf gestoßenes Eis zu betten.

Übrigens
Bowle sollte nur aus reifen frischen oder tiefgefrorenen Früchten bereitet werden. Eingemachtes Obst hat nur wenig Aroma und ist zudem meist viel zu stark gezuckert.

Rosenbowle

5 stark duftende Rosen,
50 g Zucker,
1 kräftige Prise Salz,
4 cl Weinbrand,
2 Flaschen gut gekühlter Weißwein,
2 Flaschen trockener Sekt

Von den Rosen die Blätter zupfen, waschen, abtropfen lassen, vom bitteren Stielansatz befreien und in ein Bowlengefäß füllen. Zucker, Salz und Weinbrand darüber geben. Das Bowlengefäß zudecken und mindestens 2 Stunden kühl stellen. Den Weißwein zugießen und nochmals zugedeckt 2 Stunden kühl stellen. Erst kurz vor dem Servieren den gekühlten Sekt zugießen.

Brombeerbowle

500 g Brombeeren,
2 Flaschen Roséwein,
2 Flaschen trockener Sekt

Die Brombeeren säubern, in ein Bowlengefäß geben und den Wein angießen. Das Bowlengefäß zugedeckt mindestens 3 Stunden kühl stellen. Vor dem Servieren den Sekt zugeben.

Übrigens
Kurz vor dem Servieren einige gefrorene Beeren zugeben. Sie halten die Bowle kühl.

Jedes Rezept ergibt etwa 20 Gläser.

Rosenbowle (links oben)
Pfefferminzbowle (links unten)
Brombeerbowle (rechts oben)
Sommerbowle (rechts unten)

Bowlen

Pfefferminzbowle

50 g frische zarte Minze,
2 EL Zucker,
10 cl Wodka,
2 Flaschen trockener,
gut gekühlter Weißwein,
2 Flaschen trockener, gut
gekühlter Sekt

Die Pfefferminzblättchen waschen, trockentupfen, in kleine Stücke zupfen und in ein Bowlengefäß legen. Den Zucker aufstreuen und den Wodka darüber gießen. Zugedeckt 2 Stunden ziehen lassen. Durch ein Leinentuch filtern, die Flüssigkeit auffangen und wieder in das Bowlengefäß geben. Den Weißwein zugießen. Kurz vor dem Servieren mit Sekt aufgießen.

Bierbowle

6 rotbackige Äpfel,
4 unbehandelte Zitronen,
200 g Zucker,
4 Gewürznelken,
1 Prise Zimt, 3 l Pils,
2 EL frische Salbeiblüten

Die Äpfel waschen, das Kernhaus ausstechen. Die Äpfel quer in 1 cm dicke Scheiben schneiden und in ein Bowlengefäß schichten. 3 Zitronen auspressen, den Saft über die Äpfel gießen. Zucker, Nelken und Zimt darüber geben. Alles vermischen. Zugedeckt 60 Minuten ziehen lassen. Die restliche Zitrone in Scheiben schneiden und in das Bowlengefäß legen. Das Bier angießen. Zudecken und weitere 60 Minuten ziehen lassen. Die Salbeiblüten hineingeben und nochmals 1 Stunde ziehen lassen.

Sommerbowle

4 Pfirsiche,
500 g nicht zu große Erdbeeren,
5 Blättchen Zitronenmelisse,
1 Msp. Salz,
2 Flaschen gut gekühlter Weißwein,
2 Flaschen trockener, gut gekühlter Sekt,
2 Hand voll Borretschblüten

Von den Pfirsichen die Haut abziehen. Das Fruchtfleisch in Würfel schneiden. Die Erdbeeren waschen, abtropfen lassen und halbieren. Zitronenmelisse ebenfalls waschen und trockentupfen. Pfirsichwürfel, Erdbeeren und Zitronenmelisse in ein Bowlengefäß geben. Das Salz darüber streuen. Gut gekühlten Weißwein zugeben. Das Bowlengefäß abdecken und 3 Stunden an einen kühlen Platz stellen. Vor dem Servieren den Sekt zugießen und die gereinigten Borretschblüten darüber streuen.

Übrigens
Bowlen nur in Glas, Keramik oder Kunststoffgefäßen zubereiten und servieren. Verzinkte Gefäße oder Behältnisse aus Metall verfälschen den Geschmack der Bowlen. Ob Sie die Bowle in Sektgläsern oder Henkelbechern ausschenken ist Geschmackssache. Für die Bierbowle sind auch Pilsgläser geeignet.

Anrichten
&

Garnieren

Egal ob Sie Ihren Gästen eine kleine Auswahl an belegten Broten, eine Wurst- oder Bratenplatte, verschiedene Salate oder Desserts servieren wollen: Noch besser schmecken die selbst gemachten Leckereien, wenn man sich etwas Zeit für eine liebevolle Garnitur nimmt: Schließlich isst das Auge mit. Deshalb sollte auch das Drumherum nicht zu kurz kommen. Erst mit der passenden Dekoration, hübschem Geschirr, sorgfältig gebügelter Tischwäsche und buntem Blumenschmuck machen Sie Ihre Party zum wahren Erlebnis.

Sektempfang

Bei einem Sektempfang lässt sich nicht nur das neue Büro einweihen oder der Abschluss eines erfolgreichen Geschäftes feiern. Wer ein großes Fest mit warmem Menü plant, sorgt mit einem Glas Sekt dafür, dass sich die Gäste ungezwungen näher kommen. Leckere kleine Canapés stillen den ersten Hunger und machen Appetit auf das große Festessen.

Rezeptvorschläge

Verschiedene Canapés, S. 10
Croûtons, S. 11
Käsewindbeutel, S. 20
Pikant gefüllte Eclairs, S. 85

Tabletts und Platten

Bei einem klassischen Sektempfang gibt es weder viele Sitzgelegenheiten noch Tische. Deshalb dürfen die Happen auch nur so groß sein, dass man sie von der Hand direkt in den Mund stecken kann. Schließlich will man seinen Gästen den Balanceakt mit Teller und Glas tunlichst ersparen. Lieber serviert man die kleinen Leckereien dekorativ angeordnet auf Tabletts und großen Platten, von denen sich jeder selbst bedienen kann.
Am schönsten sieht es aus, wenn man die Snacks ordentlich sortiert und in Reih und Glied nebeneinander setzt. Untergelegte Spitzendeckchen aus Papier und

Sektempfang

Unterschiedliche Brotsorten

<u>Weißbrot:</u> Das weiche Brot hält sich nur 1 bis 3 Tage, kann jedoch auch eingefroren werden (1 Monat). Erst kurz vor dem Belegen schneiden, damit die Krume nicht austrocknet.

<u>Graubrot:</u> Aromatisches Roggenmischbrot, das maximal 1 Woche hält. Besonders gut, wenn es bereits einige Tage alt ist und hauchdünn geschnitten wird. Das ideale Brot für alle geschmacksintensiven Beläge.

<u>Roggenbrot:</u> Schmeckt leicht säuerlich. Die knusprige Kruste muss für Canapés entfernt werden. Ganz frisch am besten für deftige Sandwiches, beispielsweise mit Kräuterquark oder Wurst verwenden. Roggenbrot bleibt etwa 9 Tage frisch. Je älter es ist, desto dünner sollte es geschnitten werden.

<u>Gewürzbrot:</u> Der Teig dieser Brote wurde durch Zugabe verschiedener Gewürze verfeinert. Beim Abschmecken des Belags auf ähnliche Aromen achten. Gewürzbrot bleibt etwa 1 Woche frisch.

<u>Vollkornbrot:</u> Das Sauerteigbrot hält sich etwa 1 Woche. Gut für alle herzhaften Beläge.

<u>Toastbrot:</u> Bereits geschnittenes, fetthaltiges Weißbrot. Kann geröstet und ungeröstet verwendet werden. Toast bleibt etwa 1 Woche frisch und lässt sich wegen des neutralen Geschmacks äußerst vielfältig belegen.

<u>Pumpernickel:</u> Säuerlich bis bittersüß schmeckendes, sehr dunkles Roggenbrot. Da Pumpernickel sehr weich ist, schmeckt er vor allem zu Käse und Aufstrich.

essbare Blüten an den Rändern des Tabletts betonen den zeitlosen, eleganten Stil. Achten Sie darauf, die Tabletts immer rechtzeitig wieder aufzufüllen, damit man nicht denken könnte, Sie hätten zu wenig vorbereitet.

Getränke

Selbstverständlich trinkt man bei einem Sektempfang Sekt. Für all diejenigen, die keinen Alkohol trinken wollen, sollten jedoch auch einige Flaschen Wasser sowie Orangensaft bereitstehen. Servieren Sie Ihren Gästen nur trockenen Sekt, von dem man am nächsten Tag auch dann keine Nachwirkungen spürt, wenn man ein Gläschen zu viel getrunken hat. Wer Alkohol lieber süß mag, sollte den trockenen Sekt mit einem kräftigen Schuss Orangensaft mischen. Damit Sekt schmeckt, muss er sehr kalt ausgeschenkt werden (8 bis 10 °C). Stimmt die Temperatur, beschlägt das Glas beim Einschenken. Damit die Flaschen auch während des Empfangs schön kalt bleiben, öffnet man nie alle auf einmal, sondern bewahrt den Vorrat im Kühlschrank auf. Angebrochene Flaschen neben dem Büfett in Weinkühler oder tiefe Schalen mit Eiswasser stellen. Vergessen Sie nicht ein weißes Küchentuch als Tropfenfänger neben die Flasche zu legen, damit die Gäste beim Einschenken nicht nass werden.

Sektempfang

Klassisches Büfett

Ob Taufe, Hochzeit oder runder Geburtstag: Ein besonderer Anlass verlangt nach einer außerordentlichen Feier. Und die beginnt bereits mit der Einladung. Kleine Feste im Verwandten- und Freundeskreis werden 10 bis 14 Tage vor dem geplanten Termin per Telefon angekündigt. Soll es eine große Einladung werden, wird schriftlich geladen. Auf der Einladung steht dann wann, wo und zu welchem Anlass gefeiert wird.

Rezeptvorschläge

Hummercocktail, S. 47
Bratenplatte, S. 26
Lachsforellenterrine, S. 43
Gemüsesülze mit Schinken, S. 64
Käseplatten, S. 78
Rosenbowle, S. 108

Für ein großes Büfett zusätzlich

Lachsplatte, S. 41
Gänseleberpastete, S. 30
Wildterrine, S. 32
Große marinierte
Gemüseplatte, S. 58

Das Büfett
Wenn Sie eine Kommode oder ein Sideboard in Wohn- oder Esszimmer haben, präsentieren Sie Ihren Gästen dort das Büfett. Kleine Tische mit bodenlangen Tischtüchern schaffen zusätzliche Abstellfläche. Oder Sie improvisieren mit einem Tapeziertisch und Bierbänken. Stellen Sie zusätzlich kleine

Klassisches Büfett

Die richtigen Getränke

Cocktails und Longdrinks: Tolle Aperitifs, wenn Sie in ungezwungener Atmosphäre feiern wollen.

Sekt: Zum Empfang, als Aperitif oder zum Dessert. Wenn es besonders viel zu feiern gibt, können Sie auch Champagner ausschenken. Gibt es hauptsächlich mediterran inspirierte Speisen (viel Gemüse, Fisch und leichtes Fleisch) passt italienischer Prosecco.

Weißwein: Trocken und leicht hervorragend zu Salaten, Gemüse, Fisch und Meeresfrüchten. Gehaltvolle Weiße passen zu Kalb, Geflügel und kräftigem Fisch.

Rotwein: Leichte, trockene Rotweine zu Schweinefleisch, Wurst und Gemüse. Kräftige Weine zu Braten, Pasteten, Terrinen, Weich- und Blauschimmelkäse.

Wasser: Wasser sollte reichlich bemessen werden. Pro Kopf mindestens 1 Flasche. Für Gäste, die keinen Alkohol trinken, entsprechend mehr. Für Mixgetränke nur Wasser mit Kohlensäure verwenden.

Säfte: Nicht nur wenn Kinder mitfeiern, sollten Sie verschiedene Fruchtsäfte bereithalten. Viele Sorten schmecken auch mit Sekt und Prosecco.

und größere Holzkisten auf das Büfett, dann hat es mehrere Ebenen. Natürlich muss diese Unterkonstruktion verhüllt werden. Einige Meter leichter Baumwollstoff, wie man ihn zum Kleidernähen verwendet, leisten hier gute Dienste. Er lässt sich leicht drapieren, ist zudem nicht teuer und kann später in der Maschine gewaschen werden.

Geschirr, Glas und Besteck

Entscheiden Sie sich bei der Wahl von Geschirr, Besteck und Gläsern nur für das Beste. Schließlich machen erst schönes Porzellan und zartes Glas ein Essen richtig feierlich. Große und kleine Teller sowie verschiedene Schälchen werden auf oder neben dem Büfett gestapelt.

Das Besteck füllen Sie am besten in große Gläser oder schlichte Körbchen. Dann kann sich jeder Gast die Teile nehmen, die er für seine Speisen braucht.

Verzichten Sie auch bei der Präsentation von Geschirr und Besteck nicht auf die Dekoration. Blumen spielen eine große Rolle. Klassische weiße Teller wirken besonders edel, wenn im Hintergrund ein Bouquet aus weißen Blüten steht. Zu Porzellan mit romantischem Blumendekor passen kleine Glasschälchen mit schwimmenden Blüten, die jenen auf dem Geschirr ähneln. Bei modernen Geschirrklassikern in Schwarzweiß setzen Sie mit voll erblühten roten Rosen hinreißende Akzente.

Klassisches Büfett

Kleine Feier im Freundeskreis

Wenn es draußen regnet und im Fernsehen ein kitschiger Spielfilm angekündigt ist, wenn ein spannendes Fußballspiel ansteht oder man einfach nur die Dias vom letzten Urlaub vorführen will: Laden Sie sich ein paar gute Freunde ein, um den Abend ganz gemütlich und entspannt zu verbringen.

Rezeptvorschläge

Kaninchensülze, S. 35
Reissalat, S. 53
Rohkostplatte, S. 61
Pikante Kürbiswürfel, S. 68
Dunkle und weiße Schokoladenmousse, S. 94
Sommerbowle, S. 109

Büfett
Eine kleine private Einladung macht keinen großen Aufwand. Allerdings sollten Sie Ihren Freunden das Essen auch nicht direkt aus dem Kühlschrank anbieten. Stellen Sie auf dem Esstisch oder der Küchenarbeitsfläche eine kleine Auswahl kalter Köstlichkeiten zusammen, von denen sich Ihre Gäste den ganzen Abend über immer wieder bedienen können. Getränke können in dieser ungezwungenen Atmosphäre im Kühlschrank bleiben. Man nimmt die Flaschen dann nur heraus, um die Gläser wieder aufzufüllen. Hübscher sieht es natürlich aus, wenn man ein paar schlichte Weinkühler mit Eiswasser auf das Büfett stellt.

Brunch
Ein üppiger Sonntagsbrunch macht mit Freunden am meisten Spaß. So ein Brunch ist übrigens eine der wenigen Gelegenheiten, Büfett und gedeckten Tisch unter einen Hut zu bringen. Machen Sie sich und Ihren Gästen also eine Freude und decken Sie einen wunderschönen Frühstückstisch. Je nach Jahreszeit können Sie sich beispielsweise für eine Farbe entscheiden, die bei der Dekoration den Ton angibt. Geschirr, Tischwäsche und Blumen werden dann genau aufeinander abgestimmt. Wenn Sie sich nicht für eine Farbe entscheiden können: Gelb, Weiß und Grün machen auch an trüben Tagen Frühlingslaune. Im Sommer erfrischen Pink-, Violett- und Blautöne das Auge. Der Herbst mag sanfte Farben wie Orange und Braun. Und die klassischen Winterfarben bleiben nun einmal Rot und Dunkelgrün, an Weihnachten auch Gold und Silber.

Eine Tischordnung braucht man bei dieser lockeren Einladung eigentlich nicht. Über persönlich gestaltete Tischkärtchen, dekoriert mit einem Blümchen oder einer Praline, freut sich dennoch jeder Gast. Besonders

Kleine Feier im Freundeskreis

üppige Blumendekorationen verzichten. Stattdessen schmückt man jeden Platz mit einer einzelnen Blüte in einem kleinen Glas.

Zu Trinken gibt es nicht nur Kaffee, Tee und Kakao (auf Stövchen warm halten), sondern auch Säfte und Mineralwasser. Selbst gegen ein paar Gläser Champagner, Sekt, Prosecco oder einen leichten Wein ist nichts einzuwenden, schließlich handelt es sich beim Brunch nicht um ein alltägliches Frühstück.

Und noch etwas: Zu dieser Tageszeit ist Schummeln erlaubt. Servieren Sie also nicht nur Gerichte aus der kalten Küche, sondern verwöhnen Sie Ihre Gäste auch mit ein paar warmen Leckereien. Ob das nun Eier sind, ein Süppchen oder gar ein lauwarmer Braten hängt allein von Ihrer Fantasie, von Lust, Laune und Zeit ab. Erlaubt ist, was schmeckt.

Kleine Käsekunde

Frischkäse: Ungereifter Käse mit leicht säuerlichem Geschmack. Vor allem für Käsezubereitungen wie Dips und Brotaufstriche hervorragend geeignet. Die beliebtesten Sorten sind Quark und Doppelrahmfrischkäse.

Weichkäse: Vor allem aus Frankreich und Süddeutschland. Oft mit Weißschimmel oder Rotschmiere. Zu den Weißschimmelklassikern gehören Brie und Camembert. Rotschmierkäse ist dagegen nicht nach jedermanns Geschmack. Münster, Limburger und Romadur haben einen sehr pikanten Geschmack, vor allem wenn sie bereits älter sind. Maximal 1 Woche lagerbar.

Schnittkäse: Beliebte Käsesorten, die fast alle von unseren holländischen Nachbarn eingeführt wurden, z. B. Edamer, Gouda und Tilsiter. Halbfeste Schnittkäse sind weicher, wie der italienische Bel Paese oder der Butterkäse. Nicht länger als 1 bis 2 Wochen im Kühlschrank aufbewahren.

Hartkäse: Diese Sorten sind besonders lange haltbar (im Kühlschrank 2 bis 3 Wochen). Zu den beliebtesten zählen Emmentaler, Greyerzer, Bergkäse, Cheddar und Parmesan.

Sauermilchkäse: Magere Käse aus Sauermilchquark. Der bekannteste ist der Harzer Käse, den man mit Essig und Öl anrichten kann.

Blauschimmelkäse: Sie zählen zu den halbfesten Schnittkäsen oder Weichkäsen und schmecken besonders gut zu Obst. Blauschimmelkäse lässt sich außerdem hervorragend zu Käsecremes verfeinern. Die bekanntesten Sorten sind Roquefort, Gorgonzola, Stilton und Bavaria Blue.

hübsch sind Äpfel, Birnen oder Orangen, an deren Stiele mit bunten Bändern Namensschildchen geknüpft wurden.

Die Speisen werden am besten auf einem zweiten kleinen Tisch, einem Sideboard oder in der Küche aufgestellt. In diesem Fall bedient sich jeder Gast wie bei einem klassischen Büfett und setzt sich erst an den Tisch, wenn der Teller voll beladen ist. Man kann das Essen aber auch direkt auf dem Frühstückstisch verteilen. Das ist besonders gesellig, da sich die Gäste die Leckereien gegenseitig immer wieder zureichen müssen. Damit trotzdem jeder genug Platz zum Schneiden und Essen hat, muss der Tisch relativ groß sein. Anderenfalls sollten Sie dies eine Mal auf all zu

Kleine Feier im Freundeskreis

Rustikales Büfett

Trotz internationaler Einflüsse hat man von Zeit zu Zeit Lust auf die einfache regionale Küche. In so einem Fall ist ein rustikales Büfett genau das Richtige, egal ob Sie zum Frühschoppen oder zur abendlichen Vesper laden.

Rezeptvorschläge

Heringsplatte, S. 40
Deftige Bauernplatte, S. 28
Eiersalat mit Brunnenkresse, S. 48
Harzer Tatar, S. 80
Käsewürfel, S. 79
Kartoffelsalat, S. 53
Saure Gurken, S. 66
Rote Grütze, S. 88

Tischwäsche
Überraschen Sie Ihre Gäste mit einer Party im Landhausstil. Decken Sie Büfett und Tisch mit karierter Tischwäsche, am schönsten ganz klassisch in Blau-, Grün- oder Rotweiß. Verzichten Sie einmal auf Papierservietten und legen stattdessen eine ausreichend große Anzahl Stoffservietten bereit. Wenn Sie keine Stoffservietten haben, können Sie mit farblich passenden Küchenhandtüchern improvisieren. Stapeln Sie sie locker in einen Weidenkorb und stellen Sie diesen zu Geschirr und Besteck neben das Büfett. Wer auf Serviettenringe nicht verzichten will, windet zarte Blumengirlanden, Stoffbänder oder kleine Stücke Seil locker um die Tücher.

Rustikales Büfett

Wurst und Schinken

Brühwurst: Hitzebehandelte Würste. Für Wurstplatten besonders geeignet sind Mortadella, Bierschinken, Jagdwurst, Fleischwurst und Leberkäse. Da die Würste schnell verderben, frühestens zwei Tage vor dem Fest einkaufen.

Kochwurst: Würste aus vorgekochtem Fleisch; oft geräuchert. Die Beimischung von Innereien ist erlaubt. Am bekanntesten sind Leberwurst, Pasteten, Zungenwurst, Presssack. Nur wenige Tage haltbar, deshalb frisch kaufen.

Rohwurst: Luftgetrocknete Würste aus Rohfleisch und Speck. Je nach Sorte zusätzlich geräuchert. Am beliebtesten sind Salami, Debreziner, Krakauer, Landjäger und Cervelat. Auch Mett- und Teewurst. Bei kühler, luftiger Lagerung sehr lange haltbar.

Schinken: Gekochter Schinken wird vor dem Räuchern leicht gepökelt und hat ein besonders mildes Aroma. Leider nicht lange haltbar, deshalb möglichst frisch kaufen. Roher Schinken wird stets luftgetrocknet, teilweise zusätzlich geräuchert. Trocken und kühl aufbewahrt (am besten im Keller) hält er sich sehr lange frisch.

Geschirr & Co.

Besonders schön wirken Landhaustafeln und -büfetts, wenn man nicht nur mit einem Geschirr deckt, sondern viele unterschiedliche Teller und Gläser benutzt. Damit das Ganze nicht zu unruhig wirkt, sollten die Farben unbedingt miteinander harmonieren. Bäuerliche Keramik passt zu solch einem Anlass natürlich besser als Großmutters Hochzeitsgeschirr. Und auch beim Besteck können Sie zu Alltagsvarianten im bunten Bistrostil oder zu Teilen mit Holzgriffen greifen. Wer Gefallen an nicht ganz perfekt gedeckten Tischen findet, kann zu diesem Anlass die alte Gläsersammlung vom Flohmarkt aus dem Schrank holen. Auch hier gilt jedoch: Lieber dickwandig und mit kurzem Stiel, statt edel, langstielig und klassisch.

Blumensträuße

Frisch gepflückte, dicke Wiesenblumensträuße sind für das vollkommene Landhausflair unverzichtbar (informieren Sie sich vor dem Pflücken, welche Wiesenblumen unter Naturschutz stehen). Im Herbst kann auch mit Sträußen aus bunt gefärbtem Laub, Beerenranken, Kastanien und Obst dekoriert werden. Auf Kristallvasen sollte man großzügig verzichten, besser sind zu diesem Anlass wasserdichte Übertöpfe aus Keramik, Zinkeimer oder Einmachgläser.

Bier & Wein

Bier schmeckt zu allen deftigen Speisen. Aber auch trockene, leichte Weine passen gut zu Fleisch und Wurst. Einfache Tischweine sind z. B. Verdicchio, Riesling und Grüner Veltliner (weiß) sowie Beaujolais und Valpolicella (rot).

Rustikales Büfett

Gartenparty

Wer an einem Sommerwochenende zu einem fröhlichen Gartenfest einladen will, hofft in erster Linie auf schönes Wetter. Scheint die Sonne und ist die Luft mild und lau, ist die Feier schon fast perfekt. Noch mehr Stimmung kommt auf, wenn Sie ihre Gartenparty ein wenig inszenieren.

Rezeptvorschläge

Schnittlauchkuchen, S. 22
Bunter Salat, S. 53
Pikanter Gurkensalat, S. 50
Käsetorte, S. 84
Mixed Pickles, S. 67
Geflügelsülze, S. 35
Pfirsichsalat, S. 100
Pfefferminzbowle, S. 109

Büfett
Natürlich gebührt dem Büfett der beste Platz. Ein Tapeziertisch leistet hier gute Dienste. Sie können aber auch eine große Holzplatte auf Böcke legen. Damit das Ganze nicht zu sehr nach Arbeit aussieht, verhüllen Sie den Tisch mit großen Stoffbahnen oder Papiertischtüchern.

Blumenschmuck
Blumen sind immer ein wunderschöner Blickfang. Aber vor allem auf einer Gartenparty dürfen sie auf keinen Fall fehlen. Stellen Sie ruhig auch einige Vasen zwischen die Speisen auf das Büfett und verzichten Sie auf keinen Fall darauf, die kalten Platten üppig mit essbaren Blüten und frischen Kräutern zu garnieren. Dicke Kerzen und Windlichter unterstreichen die romantische Atmosphäre und leuchten zugleich dem hungrigen Gast auch im Dunkeln den Weg.

Tische
Wenn es etwas festlicher sein soll und einfache Bierbänke als Sitzgelegenheiten nicht genügen, stellen Sie im Garten mehrere kleine

Gartenparty

Tischchen auf, an denen die Gäste zum Essen in kleinen Grüppchen Platz nehmen können. Kleine Blumenvasen mit einzelnen Blüten, aber auch lose auf dem Tischtuch verstreute Blütenblätter passen am besten in die grüne Umgebung. Achten Sie darauf, die gleichen Blüten und Farben zu verwenden, wie auf dem Büfett. Mit Kerzen und Windlichtern werden die kleinen Tische am Abend zu gemütlichen Lichtinseln. Soll auch getanzt werden, erleuchten Sie den Garten zusätzlich mit vielen bunten Lampions und Fackeln.

Picknick

Wenn Sie keinen eigenen Garten haben, verlagern Sie Ihre Party einfach ins Grüne und laden zum Picknick. Die kalten Speisen lassen sich prima transportieren und auch ohne Tisch verspeisen. Dass der Kaffee zum Dessert in der Thermoskanne schön heiß bleibt, weiß jeder. Aber auch kalte Getränke sollten Sie unbedingt in Thermoskannen füllen, da sie auch gegen Wärme isolieren (am besten zu Hause eiskalt einfüllen). Neben dem leckeren Essen gehören zu einem gelungenen Picknick große Decken, viele Kissen und Sonnenschirme. Porzellan, Keramik und Glas sind nicht nur umweltfreundlicher als Pappteller und Kunststoffbecher, sondern tragen auch zur unbeschwerten Stimmung bei. Vergessen Sie nicht, Mülltüten einzupacken. Schließlich müssen leere Flaschen, Korken und Essensreste auch wieder abtransportiert werden.

Kleines Gemüse–1x1

<u>Blattgemüse:</u> Nicht alle Salate sind für die kalte Partyküche gleich gut geeignet. Nur die robusten Sorten fallen am Büfett nicht zusammen. Am knackigsten sind Eissalat, Romana und Schikoree.

<u>Kohl:</u> Viele Sorten müssen vor dem Verzehr gegart werden. Auf Gemüseplatten und in Cocktails schmecken Blumenkohl und Brokkoli. Für Salate besonders geeignet: Kohlrabi sowie Weiß-, Rot- und Chinakohl.

<u>Wurzel- und Knollengemüse:</u> Kartoffeln, Rote Bete, Sellerie, Karotten und Co. sind die ideale Grundlage für viele herzhafte Partysalate.

<u>Hülsenfrüchte:</u> Bohnen für Gemüseplatten und Salate (Vorsicht: Sie sind roh giftig). Auch Mais muss gegart werden; anschließend Körner ablösen oder den ganzen Kolben quer in Scheiben schneiden.

<u>Fruchtgemüse:</u> Tomaten, Auberginen, Paprika und Zucchini schmecken nicht nur auf der Rohkostplatte. Besonders lecker sind sie, wenn sie in Olivenöl und Balsamessig mariniert werden.

Gartenparty

Auf die Garnitur kommt es an

Garnieren macht Spaß. Die hübschen Dekorationen aus Butter, Eiern, Obst, Gemüse, Kräutern und Blüten lassen sich ohne viel Aufwand im Handumdrehen herstellen und verleihen jedem Büfett das gewisse Extra.

Das Werkzeug

Bei der Herstellung der Garnituren sind einige unverzichtbare Küchenhelfer von Nöten. Neben einem Schneidbrett brauchen Sie scharfe Schäl- und Küchenmesser. Mit einem Buntmesser lassen sich nicht nur Möhren, Sellerie und Rote Bete in dekorative, wellenförmige Scheiben schneiden. Ein Tomatenmesser bringt auch andere weiche Früchte mit fester Schale in Form. Kräuter lassen sich mit einem Wiegemesser oder einem schweren Küchenmesser besonders fein hacken. Gemüsehobel und -raspel sind vor allem für Rohkostsalate unverzichtbar. Mit ihnen lassen sich in kurzer Zeit auch große Mengen zubereiten. Mit einem Kugelausstecher und einem Spritzbeutel mit Sterntülle können Sie Butter und Käsecremes dekorativ portionieren. Originell geformte Canapés und Gemüsedekorationen lassen sich ganz einfach mit Plätzchenformen ausstechen.

Aufbewahren

Die meisten Garnituren können Sie problemlos im Voraus zubereiten. Im Kühlschrank und mit Frischhaltefolie abgedeckt, halten sich Eier, Gemüse, Obst und Kräuter einige Stunden frisch. Obst sollten Sie vor dem Aufbewahren stets mit Zitronensaft einstreichen oder beträufeln, damit sich das Fruchtfleisch nicht braun verfärbt. Wenn Gemüse und Kräuter leicht welk wirken, kann helfen oft ein paar Wasserspritzer aus dem Pumpzerstäuber. Butter wird zu Kugeln oder Rollen geformt, in Frischhaltefolie gewickelt und im Kühlschrank aufbewahrt. Auch Käsecremes und Majonäse lassen sich gut vorbereiten und im Kühlschrank aufbewahren. Wenn sich auf der Oberfläche eine Haut gebildet hat, rührt man vor dem Servieren nochmals kräftig durch. Dressings und Marinaden schmecken meistens besonders gut, wenn sie bereits durchgezogen sind. Nach der Zubereitung deshalb in verschließbare Gläser füllen und in den Kühlschrank stellen. Vorsicht bei Salatblättern und Blütendekorationen: Die empfindlichen Pflanzen fallen schnell zusammen und sehen dann welk und schlapp aus. Deshalb immer erst ganz kurz vor dem Servieren anrichten.

Blüten

Zarte Blüten verleihen jedem Büfett eine sommerliche, leichte Note. Bedenken Sie beim Dekorieren, dass die Pflänzchen sehr schnell welken. Erst ' unmittelbar vor dem Eintreffen der Gäste zu den Speisen legen.

Borretschblüten

schmecken ein bisschen nach Gurke. Sie passen deshalb besonders gut zu leichten Salaten und Heringshäppchen. Kandierte Borretschblüten schmecken toll zu Sekt und sind ein Farbtupfer auf Desserts.

Chrysanthemen

sind ein farbenprächtiger Blickfang auf Eierplatten sowie in bunten und grünen Salaten.

Holunderblüten

eignen sich hervorragend zum Kandieren. Besonders beliebt sind die weißen Blütendolden als süßer Belag für kleine Canapés, beispielsweise auf einem feierlichen Sektempfang.

Kapuzinerkresse

bringt im Sommer leuchtend gelbe oder rotorange Blüten hervor. Sie schmecken wie die Blätter der Pflanze leicht scharf und passen deshalb besonders gut in eine Butterroulade oder zu frischen Salaten.

Löwenzahnblüten

schmecken nicht nur zu Desserts. Besonders dekorativ wirken die knallgelben Blütenköpfe auf einer Eierplatte.

Magnolienblüten

wirken immer besonders elegant. Mit einer dünnen Schicht Zucker überzogen, verleihen sie frühsommerlichen Dessertvariationen den letzten Pfiff.

Rosen

sind nicht nur im Ganzen eine wunderschöne Dekoration für Bowlen, Buttervariationen und Desserts. Auch einzelne Blütenblätter lassen sich effektvoll einsetzen. Rosen eignen sich hervorragend zum Kandieren.

Rosmarinblüten

schmecken ähnlich wie Lavendel leicht herb. Sie passen besonders gut zu Pilzen, Ziegen- und Frischkäse.

Salbeiblüten

sind leicht violett und wirken deshalb auf Frischkäse besonders attraktiv. Sie schmecken auch im Salat.

Thymianblüten

haben einen herrlichen Geschmack, der an Urlaub und Mittelmeer erinnert. Deshalb passen sie besonders gut zu Mozzarella und Tomaten.

Veilchen

sind die Klassiker unter den kandierten Blüten. Sie schmecken beim Sektempfang toll auf kleinen Canapés. Und natürlich auf vielen süßen Desserts.

Garniturvorschläge

Butter und Eier

Butter muss nicht immer im Block serviert werden. Werden kleine Portionen auf dem Büfett verteilt, sieht das nicht nur hübsch aus, sondern ist auch sehr praktisch. In einer klaren Schüssel mit kaltem Wasser und Eiswürfeln bleibt die Butter auch an warmen Tagen fest.

Butterfiguren

in den verschiedensten Formen wirken lustig und verspielt. Rollen Sie zuerst die Butter auf einem feuchten Tuch etwa 5 mm dick aus. Stechen Sie dann mit Plätzchenformen unterschiedliche Motive aus.

Butterkugeln

sind beinahe schon Klassiker. Legen Sie einzelne kleine Butterstückchen zwischen zwei Holzbrettchen und rollen Sie sie so lange hin- und her, bis sie sich zu Kugeln geformt haben. Die Butterkugeln nach Belieben in Paprikapulver, Curry, grobem Pfeffer oder Kräutern wälzen.

Butterflocken

lassen sich nur aus sehr kalter Butter formen. Die einzelnen Flocken werden mit einem Löffel oder Butterformer von der Oberfläche des Butterblocks abgehobelt.

Butterrollen

lassen sich am besten auf einem feuchten Tuch oder zwischen zwei langen Frischhaltefolien formen. Besonders hübsch sieht es aus, wenn man zum Schneiden der gekühlten Rolle ein Buntmesser verwendet.

Hart gekochte Eier

passen besonders gut zu Wurst- und Käseplatten. Die Eier können Sie ohne Bedenken bereits einige Tage im Voraus kochen und ungeschält im Kühlschrank aufheben.

Eierachtel und -scheiben

am besten aus kleinen Eiern schneiden. Bei diesen sitzt das Eigelb fester und die Stücke brechen weniger schnell auseinander.

Eiweiß

lässt sich nicht nur in Ringe schneiden und mit Kaviar, Salat, Kapern oder Oliven füllen. Man kann es auch in feine Streifen oder Würfel schneiden und als einfache Garnierung auf die unterschiedlichsten Gerichte aufstreuen.

Früchte

Garnituren aus Früchten sind eine erfrischende Beilage für Fleisch, Fisch und Käse. Vor dem Anrichten unbedingt waschen und abtrocknen. Große Früchte sollten zudem unbedingt in mundgerechte Stücke zerteilt werden.

Äpfel

werden zuerst geviertelt, entkernt und dann längs in dünne Spalten geschnitten. Wegen des stärkeren Farbkontrastes wirken Früchte mit roter Haut hübscher als grünschalige. Vorsicht: Nach dem Schneiden sofort mit Zitronensaft marinieren, damit sich das Fruchtfleisch nicht verfärbt.

Ananas

wird meist gewürfelt oder in Scheiben geschnitten. Die exotisch-säuerliche Frucht schmeckt gut zu Salaten, Käse-, Fisch- und Geflügelhäppchen; und natürlich zu fast allen Desserts.

Avocadohälften

sind dekorative und zugleich essbare Schälchen für Krabben-, Geflügel- und Fleischsalate. Nach dem Entsteinen muss das Fruchtfleisch jedoch sofort mit Zitronensaft beträufelt werden, damit es nicht braun anläuft. Besonders einfach und lecker sind gefüllte Avocados mit Crème fraîche und Kaviar.

Birnen

dienen roh und gegart als Garnierung für Fleisch- und Käseplatten. Die Früchte halbieren oder vierteln, entkernen und eventuell mit Preiselbeerkonfitüre füllen. Vorher unbedingt mit Zitronensaft beträufeln.

Datteln

passen wegen ihrer Farbe und ihres Geschmacks gut zu Käse. Noch besser schmecken die Früchte, wenn sie mit Frischkäse gefüllt werden; auch farblich ein schöner Kontrast.

Feigen

werden vor dem Servieren gut gekühlt und in Viertel geschnitten. Sie schmecken zu Schinken, Fleisch und Käse.

Grapefruit

schmeckt vielen zu bitter. Um den Geschmack zu mildern, filiert man die einzelnen Fruchtschnitze. Dazu wird die Grapefruit mitsamt der weißen Innenhaut geschält. Anschließend löst man die einzelnen Filets mit einem spitzen Messer aus den Trennhäuten heraus.

Honigmelonen

müssen vor dem Garnieren in dünne Spalten geschnitten und entkernt werden. Damit die Spalten nicht umfallen, kann man die Schale an der Rundung etwas abschneiden. Wem auch die Spalten noch zu groß sind, kann mit dem Kugelausstecher Kügelchen aus dem Fruchtfleisch stechen oder das Fruchtfleisch in mundgerechte Würfel schneiden.

Kiwis

sollten immer geschält werden, damit die pelzige Haut den Gästen nicht den Appetit verdirbt. Die Früchte schälen, längs halbieren und in Scheiben schneiden. Werden Kiwis mit Milchprodukten verarbeitet, müssen sie zuvor überbrüht werden.

Garniturvorschläge

Kumquats

sehen aus wie winzige Orangen, sind aber sehr viel bitterer als ihre großen Verwandten. In Scheiben oder Viertel geschnitten passen sie sehr gut zu Pasteten, Braten, Wild, Salaten und Desserts.

Mandarinen

lassen sich zu einer hübschen Blüte gestalten. Ordnen Sie dazu 12 Fruchtspalten in Form einer Blüte an und legen sie in die Mitte eine Cocktailkirsche.

Mangos

schmecken herrlich zu Schinken und Lachs. Die Haut mit einem Sparschäler entfernen und das Fruchtfleisch rechts und links vom flachen Kern wegschneiden; in lange Spalten schneiden. Restliches Fleisch vom Kern kratzen und pürieren.

Orangen

setzen auf Büfetts knallige Farbakzente. Schneidet man Orangenscheiben am Rand zackenförmig ein, sehen die Früchte aus wie kleine Sonnen. Schneidet man den Rand bogenförmig, erhält man eine Blume. Oder Sie entfernen von jeder Scheibe 2/3 der Schale ohne diese zu zerreißen und am Ansatz zu durchtrennen. Die abgelöste Schale zu einer Locke formen oder zu einem Knoten verschlingen.

Weintrauben

passen gut zu Käse und Geflügel. Sie werden vor dem Garnieren halbiert und entkernt.

Zitronen

werden in Scheiben geschnitten und zu kleinen Sonnen oder Blumen garniert. Schneiden Sie dazu die Schale am Rand zacken- oder bogenförmig ein. Aus der Schale lassen sich mit einem Julienne-Reißer feine Streifen schneiden, die Canapés, kalte Platten, Terrinen, Salate und Desserts schmücken.

Gemüse

Auch Gemüse eignet sich für die Garnierung eines großen Büfetts. Am besten sieht Gemüse aus, wenn es roh ist oder nur kurz und bissfest gegart wurde.

Blumenkohl und Brokkoli

in einzelne Röschen trennen, bissfest garen und auf Schinken- oder Bratenplatten setzen.

Champignons

sehen roh auf Schinkenplatten hübsch aus, vor allem wenn man sie zusammen mit Avocadoscheiben arrangiert. Kleine rohe Köpfe mit einem Messer mehrmals einkerben und auf einem Kressebett anrichten.

Grüne Bohnen

sind roh giftig. Sie müssen vor dem Garnieren unbedingt gekocht werden. Besonders dekorativ wirkt es, wenn jeweils 5 Bohnen mit etwas Schnittlauch zu einem kleinen Bündel verschnürt werden.

Gurken

sind eine beliebte Dekoration für kalte Büfetts. Die Schlangenfrucht waschen, abtropfen und mit einem spitzen Messer Kerben in die Schale schneiden. Danach die Gurke in Scheiben schneiden. Diese wiederum bis zur Hälfte einschneiden und, in sich gedreht, zusammenstecken. Oder die Gurke längs halbieren und in etwa 10 cm lange Stücke schneiden. Die Gurkenstücke mehrmals einschneiden und zu einem Fächer auseinander ziehen.

Ingwer

schmeckt sehr scharf und ist deshalb nicht jedermanns Sache. Da Ingwer den Geschmack anderer Zutaten leicht übertönt, schneidet man ihn nach dem Schälen in hauchdünne Streifen. Passt zu Fleischplatten, Salaten und Desserts.

Lauch

ist oft stark mit Sand oder Erde verschmutzt. Deshalb muss er vor dem Garnieren gründlich gereinigt werden. Lieber zu viel als zu wenig waschen. Vom gewaschenen Lauch das Wurzelende und die oberen Blätter abschneiden. Von der grünen Seite her mehrmals einschneiden und 20 Minuten in warmes Wasser stellen, bis sich die Streifen zusammenrollen. Oder den Lauch nach dem Waschen in etwa 6 cm lange Stücke schneiden und diese Stücke im Abstand von 5 mm etwa 3 cm tief einschneiden.

Garniturvorschläge

Radieschen

putzen und waschen. Bis zur Mitte zackenförmig einschneiden und beide Hälften auseinander drehen.

Salatblätter

fallen sehr schnell in sich zusammen. Am besten verwenden Sie Eis- oder Romanasalat, die länger frisch bleiben als andere Sorten. Auch Lollo rosso und Lollo biondo sind für die Dekoration kalter Platten geeignet.

Schikoree

erinnert wegen seiner schmalen Blattform an ein kleines Schiffchen. Die einzelnen Blätter ablösen, waschen, trockentupfen und mit Fleischsalat oder Gemüsekugeln füllen.

Tomaten

lassen sich zu kleinen Körbchen gestalten, die auf dekorative Art Fleisch- und Geflügelsalate in sich bewahren. Die Frucht rundherum mit einem spitzen Messer zackenförmig einschneiden. Die beiden Hälften vorsichtig auseinanderziehen. Fruchtfleisch und Kerne vorsichtig herauslöffeln und die Tomate üppig füllen.

Für klassische Büfetts sind Tomatenrosen eine wunderschöne Garnitur. Die Tomaten rundum mit dem Sparschäler sehr dünn schälen. Die abgeschälten Streifen mit der Hautseite nach unten um den Finger wickeln und vorsichtig wieder abstreifen.

Zwiebelscheiben und -ringe

gelingen im Handumdrehen. Wer will kann sie in Curry oder Paprika wenden. Noch dekorativer sieht es aus, wenn sie die ganze Zwiebel schälen, acht- bis zehnmal von oben nach unten einschneiden und etwas auseinander drücken. Das Innere der Blüte mit Paprikapulver bestäuben.

Kräuter

Kräuter sind nicht nur eine schöne Verzierung, sondern gleichzeitig pikantes Würzmittel. Damit sie möglichst lange frisch bleiben, werden sie nach dem Waschen und Schneiden in einer verschließbaren Dose im Kühlschrank aufbewahrt und erst kurz vor dem Servieren auf die Speisen gegeben.

Basilikum

passt besonders gut zu Tomaten und Mozzarella. Die Blüten des Mittelmeerkrauts schmecken hervorragend zu Schafskäse und Brie. Man kann sie auch in Butterkreationen mischen.

Dill

setzt auf Eier-, Fisch- und Gemüseplatten grüne Akzente. Die gelben Blüten passen gut zu Hüttenkäse.

Gartenkresse

bildet ein weiches Nest für Radieschen, Cocktailtomaten oder halbierte Wachteleier. Passt vom Geschmack gut zu Fisch, Käse und Fleisch.

Majoran

würzt Fleisch-, Fisch- und Gemüseplatten. Blütensträußchen wirken besonders hübsch auf Emmentaler und Parmesan.

Petersilie,

ob kraus- oder glattblättrig, ist in der kalten Küche unentbehrlich. Die Blätter ganz oder fein gewiegt verwenden.

Schnittlauch

passt in Röllchen geschnitten sehr gut zu Salaten, Fisch-, Fleisch- und Gemüseplatten.

Zitronenmelisse

schmeckt fein säuerlich und passt deshalb nicht nur zu Salaten, sondern auch zu Desserts.

Garniturvorschläge

Rezeptverzeichnis – alphabetisch

A
Ahornsirup-Dressing 63
Ananasscheiben, garnierte 12
Apfelscheiben, würzige 12
Artischocken, gefüllte 28
Auberginengemüse mit Tomaten 69
Austernsalat 50
Avocados mit Mascarpone 12

B
Bagna Cauda 61
Bananenmuffins 106
Bauernplatte, deftige 28
Beerensauce 96
Bibeliskäse 82
Bierbowle 109
Blaubeermuffins 106
Borretschblüten, kandierte 11
Brezeln 75
Brokkolicocktail 47
Brombeerbowle 108
Brombeerdrink 14
Bunter Salat 53
Bunter Schafskäse 80
Bunt gemischte Schinkenplatte 29
Butterroulade
- mit Basilikum 77
- mit Borretschblüten 77
- mit Kapuzinerkresse 77
- mit Meerrettich 77
- mit Minze 77
- mit Paprika 77
- mit Rosenblüten 77
- mit roten Zwiebeln 77

C
Caipirinha 14
Canapés mit Blüten 10
- mit Gemüse 10
- mit Hühnerbrust und Orangen 10
- mit Käsecreme 10
- mit Kaviar 10

- mit Krabben 10
- mit Räucherlachs 10
- mit Wurst und Käse 10
Champignons in Öl 69
Chutney 68
Croûtons, knusprige 11

D
Deftige Bauernplatte 28
Deftige Pastete 32
Dresdner Eierschecke 104
Dressing, pikantes 62

E
Eclairs mit pikanter Füllung 85
Edamer mit Ananas 83
Eier mit Kräutersahne 36
- mit Meerrettichfüllung 37
- mit pikanter Füllung 37
- mit Salami 37
- mit Sardellen 37
Eiersalat mit Brunnenkresse 48
Emmentaler mit Nüssen 82
Erdbeerbowle 108
Erdbeercocktail 46
Erdbeerdessert mit Gänseblümchen 90
Erdbeermousse 94

F
Fenchel, gefüllter 57
Fenchel-Orangen-Salat 55
Fischplatte 38
Fischsülze 43
Friséesalat mit Blauschimmelkäse 54
Frühlingsbrot 72
- mit Salami 18
Frühlingssalat 49
Frühlingssülze 64

G
Gänseleberpastete 30
Gärtnersalat 55
Garnierte Ananasscheiben 12
Geflügelsülze 35
Gefüllte Artischocken 28
- Gurkenstücke 56
- Pflaumen 12
Gefüllter Fenchel 57
Gelee Rot-Weiß 96
Gemüsemischung in Öl 58
Gemüseplatte
-, große marinierte 58
-, kalte 61
-, kleine marinierte 58
Gemüsesülze mit Schinken 64
Golden Heart 14
Gorgonzola mit Pinienkernen 80
Große Lachsplatte 41
Große marinierte Gemüseplatte 58
Guacamole 62
Gurken-Jogurt-Salat 50
Gurkensalat, pikanter 50
Gurken, saure 66
Gurkenstücke, gefüllte 56

H
Hähnchencocktail 46
Harzer Tatar 80
Heidelbeer-Schmandkuchen 102
Heringsplatte 40

Holunderblütenbrot 72
- mit Lachsröllchen 18
Holunderblüten, kandierte 11
Hummercocktail 47

K
Käsecreme mit Paprika 82
- mit Pinienkernen 85
Käseplatte 78
Käsestangen 20
Käsetorte 84
Käsewindbeutel 20
Käsewürfel 79
Kalte Gemüseplatte 61
Kandierte Borretschblüten 11
- Holunderblüten 11
Kaninchenpastete 30
Kaninchensülze 35
Karamellpudding mit Kumquats 93
Kartoffelsalat 53
Kaviarbutter 76
Kaviareier 36
Kiwi Lagoon 14
Kleine marinierte Gemüseplatte 58
Knusprige Croûtons 11
Kohlrabinester 57
Kohlrabisalat 49
Kokosmilch-Dressing 63
Kokosmuffins 106
Krabbeneier 36
Kräuterbutter mit Knoblauch 76
Kräuterhörnchen 20

Kräuterkefir 14
Kräuterschmorbraten 26
Krautsalat 54
Krustenbraten 26
Kümmelbrot 73
Kürbissalat 50
Kürbiswürfel, pikante 68

Lachseier 36
Lachsforellenterrine 43
Lachsplatte, große 41
Liptauer Käse 80
Löwenzahnsalat mit Austernpilzen 54

Mai Tai 15
Majonäse 62
Mandel-Camembert 83
Mandelmuffins 107
Marzipansauce 89
Mascarponecreme 96
Meerrettich-Dip 62
Melonenkaltschale 99
Melonensalat 100
Mixed Pickles 67
Möhrensalat 61
Mousse au chocolat 94
Mozzarella mit Tomaten 80

Nudelsalat 53
Nussbutter 76

Obatzter 80
Obstsalat mit Zitronensirup 101
-, winterlicher 100
Orangenbutter 76

Panna Cotta 92
Paprikaschiffchen 56
Parmesan-Dressing 62
Pastete, deftige 32
Pastete mit Kruste 33
Pfefferminzbowle 109
Pfirsiche mit Hähnchenfleisch 12
Pfirsichsalat 100
Pflaumen, gefüllte 12
Pikante Kürbiswürfel 68

Pikanter Gurkensalat 50
Pikantes Dressing 62
Pilze, saure 67
Piña Colada 14
Pistaziencreme 94
Preiselbeerbirnen 28
Preiselbeer-Dip 62
Puffbohnensalat 50
Pumpernickel mit Gorgonzola-Eiern 16
Pumpernickelwürfel 16

Quarkspeise 98

Räucherfischplatte 38
Reissalat 53
Rhabarbercreme 88
Rohkostplatte 61
Roquefort-Birnen 12
Roquefortcreme mit Birnen und Trauben 83
Roquefort-Dip 62
Rosenbowle 108
Rosen in Gelee 90
Rosen-Pfirsiche 90
Rote Grütze 88
Rotweinbutter 76

Safranbrot 73
Sahnequarkcreme 103
Salat, bunter 53
Sardellenbutter 76
Sardellenspieße 40
Sauerkirschkaltschale 99
Saure Gurken 66
- Pilze 67
- Schalotten 69
Schafskäse, bunter 80
Schärpplätze mit Schinken 18
Schalotten, saure 69

Schinkeneier 36
Schinkenhörnchen 20
Schinkenplatte, bunt gemischte 29
Schneewittchenkuchen 103
Schnittlauchkuchen 22
Schokoladenmousse, weiße 95
Schokomuffins 106
Sektgelee 96
Selleriesalat 53
Senfbirnen 69
Senfbraten 26
Senfbutter 76
Senfgurken 66
Sommerbowle 109
Sondershäuser Schärpplätze 74
Spargelcocktail 46
Spargelsalat 48
Speckbrötchen 74
Speckkuchen 22
Storchennest 75
Strawberry Margarita 14
Streuselkuchen 104
Süß-saure Zucchini 69

Tatareier 37
Tequila Sunrise 14
Teecreme 94
Tiramisù 92
Tomatenkörbchen mit Avocadocreme 56
Tomaten-Quark-Dip 63
Traubencocktail 47

Veilchencreme 96
Vollkornbrot mit Gurken 7
- mit Heringssalat 18
- mit Leberpastete 17
- mit Radieschen 17
- mit Tomaten 17
Vollwert-Obstsalat 101

Waldbeerenterrine 89
Weihnachtsmuffins 107
Weintrauben mit Orangengelee 96
Weißbrot mit Kasselerröllchen 18
- mit Nusskäse 18
- mit Schinken und Käse 18
Weiße Schokoladenmousse 95
Weißweingelee 38
Wermutcocktail 14
Wildsalat 49
Wildterrine 32
Winterlicher Obstsalat 100
Würzige Apfelscheiben 12
Wurstplatte mit Kapern 29

Yellow Kiss 14

Zabaione 98
Zucchini, süß-saure 69
Zwetschenkuchen 104
Zwiebelbrötchen 75
Zwiebelkuchen 23

Register

Die Autorin
Oda Tietz ist studierte Germanistin und Journalistin und seit über 20 Jahren auf die Themen Essen und Trinken spezialisiert. Sie hat bereits zahlreiche Kochbücher verfasst. Oda Tietz lebt in Leipzig.

Der Fotograf
Kai Mewes ist selbstständiger Food-Fotograf in München und arbeitet für Verlage, Zeitschriften und Werbeagenturen.

Styling: Britta Werth, München
Food-Styling: Margit Proebst, München

Ein herzliches Dankeschön für die Unterstützung sagen wir den folgenden Firmen:
Rösle Metallwarenfabrik GmbH + Co KG, Marktoberdorf
Kochgut, München

Das Werk einschließlich aller seiner Teile ist urheberrechtlich geschützt. Jede Verwertung außerhalb des Urheberrechts ist ohne Zustimmung des Verlages unzulässig und strafbar. Das gilt insbesondere für Vervielfältigungen, Übersetzungen, Mikroverfilmungen und die Einspeicherung und Verarbeitung in elektronischen Systemen.

Der Inhalt dieses Buches ist sorgfältig recherchiert und erarbeitet worden. Dennoch können weder Autorin noch Verlag für alle Angaben im Buch eine Haftung übernehmen.

Der Text dieses Buches folgt den neuen Regeln der deutschen Rechtschreibung.

Weltbild Buchverlag, Augsburg
© 1998 Weltbild Verlag GmbH, Augsburg
3. Auflage 2000
Alle Rechte vorbehalten

Einbandgestaltung, Layout und Satz:
Buchhaus Robert Gigler GmbH, München
Lektorat: Sylvie Hinderberger, München
Lithoarbeiten: PHG Lithos, Martinsried
Druck und Bindung: Appl, Wemding
Printed in Germany

ISBN 3-89604-255-6